Cahier de coloriage

L'équitation

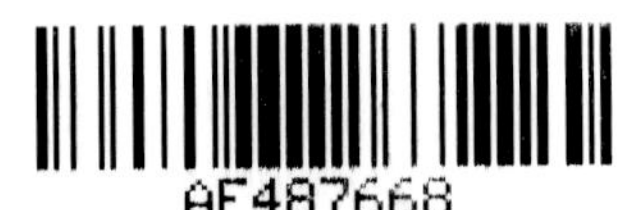

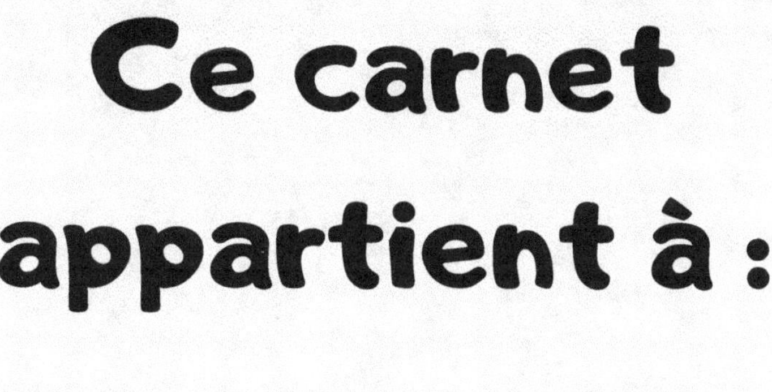

Ce carnet appartient à :

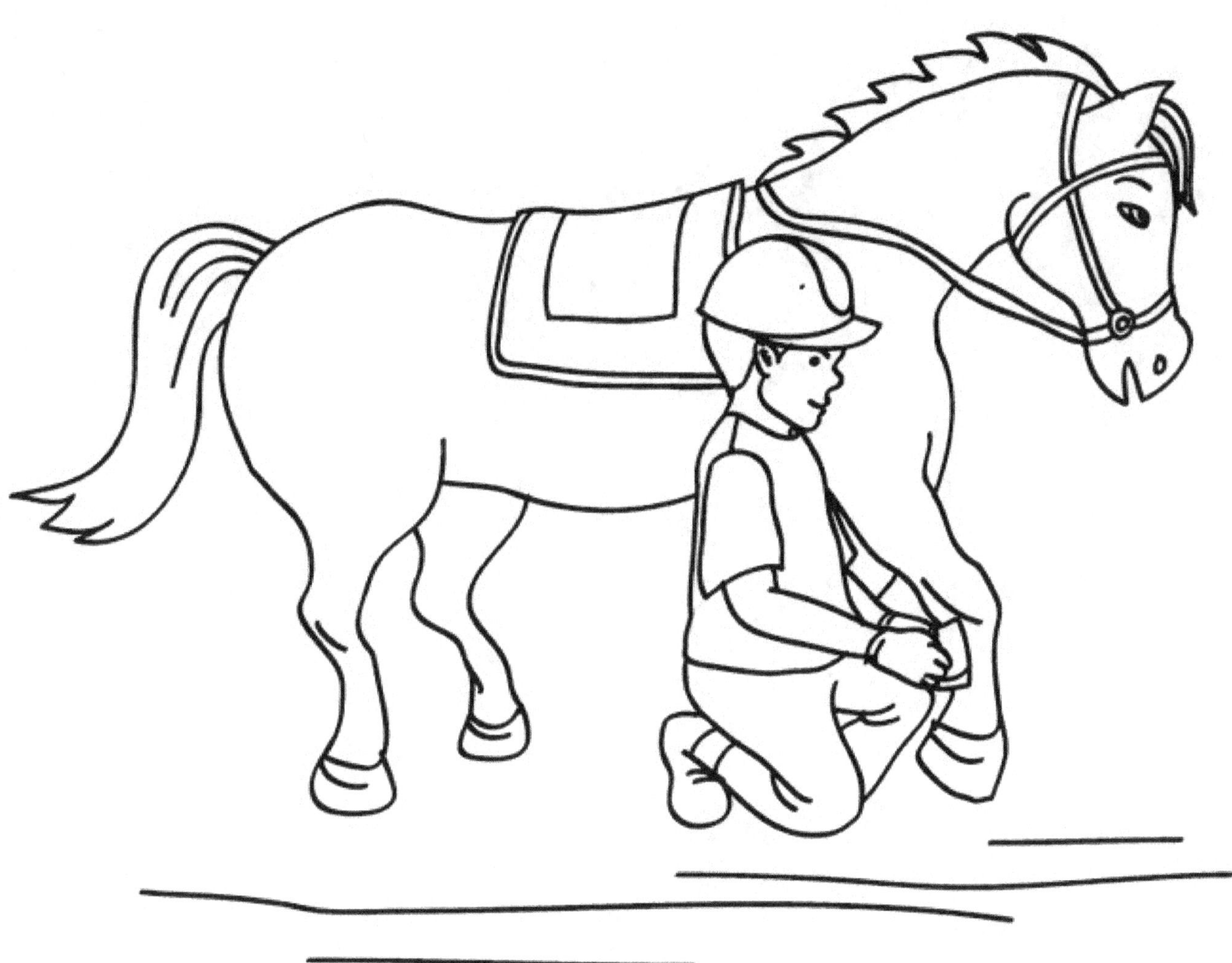

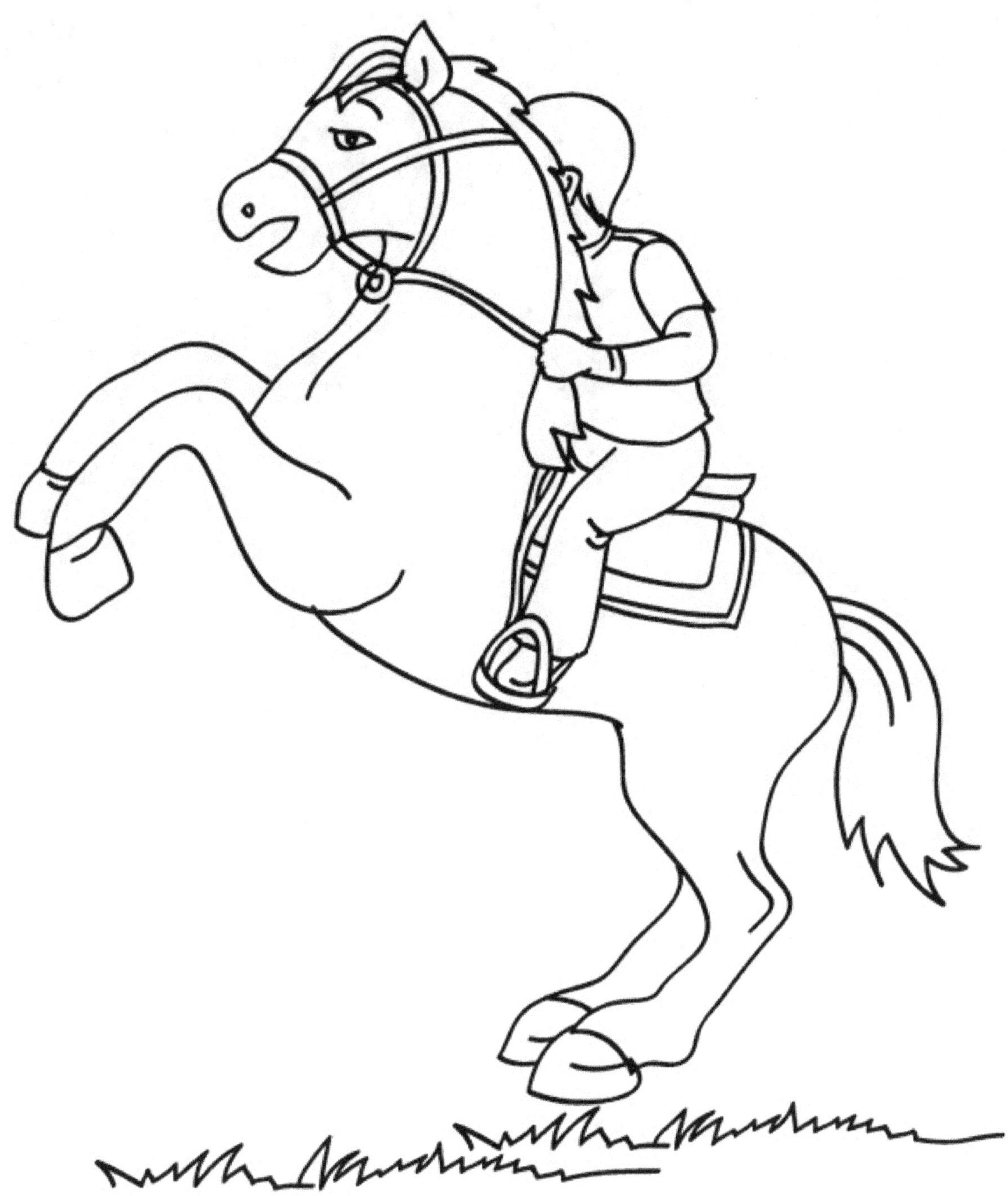

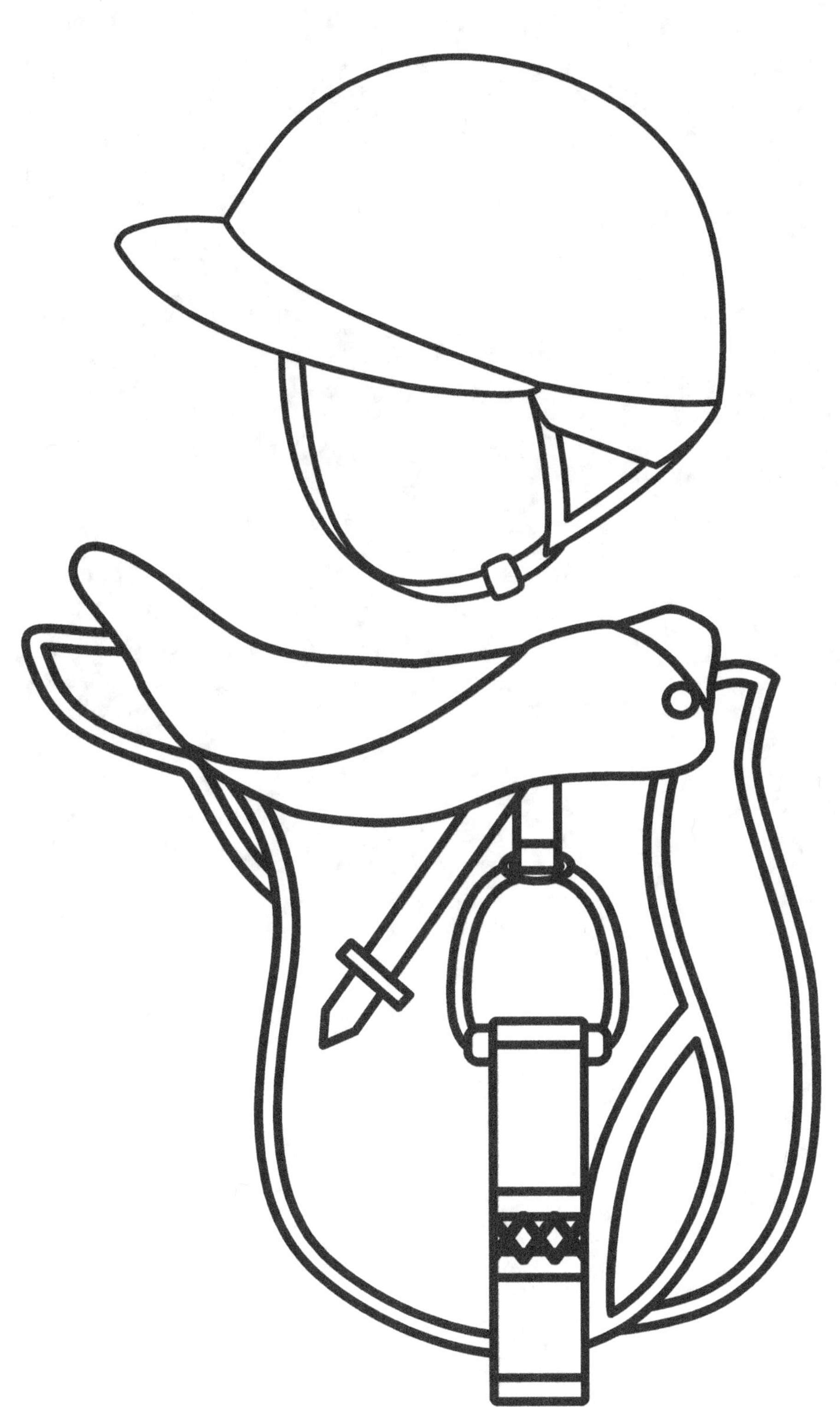

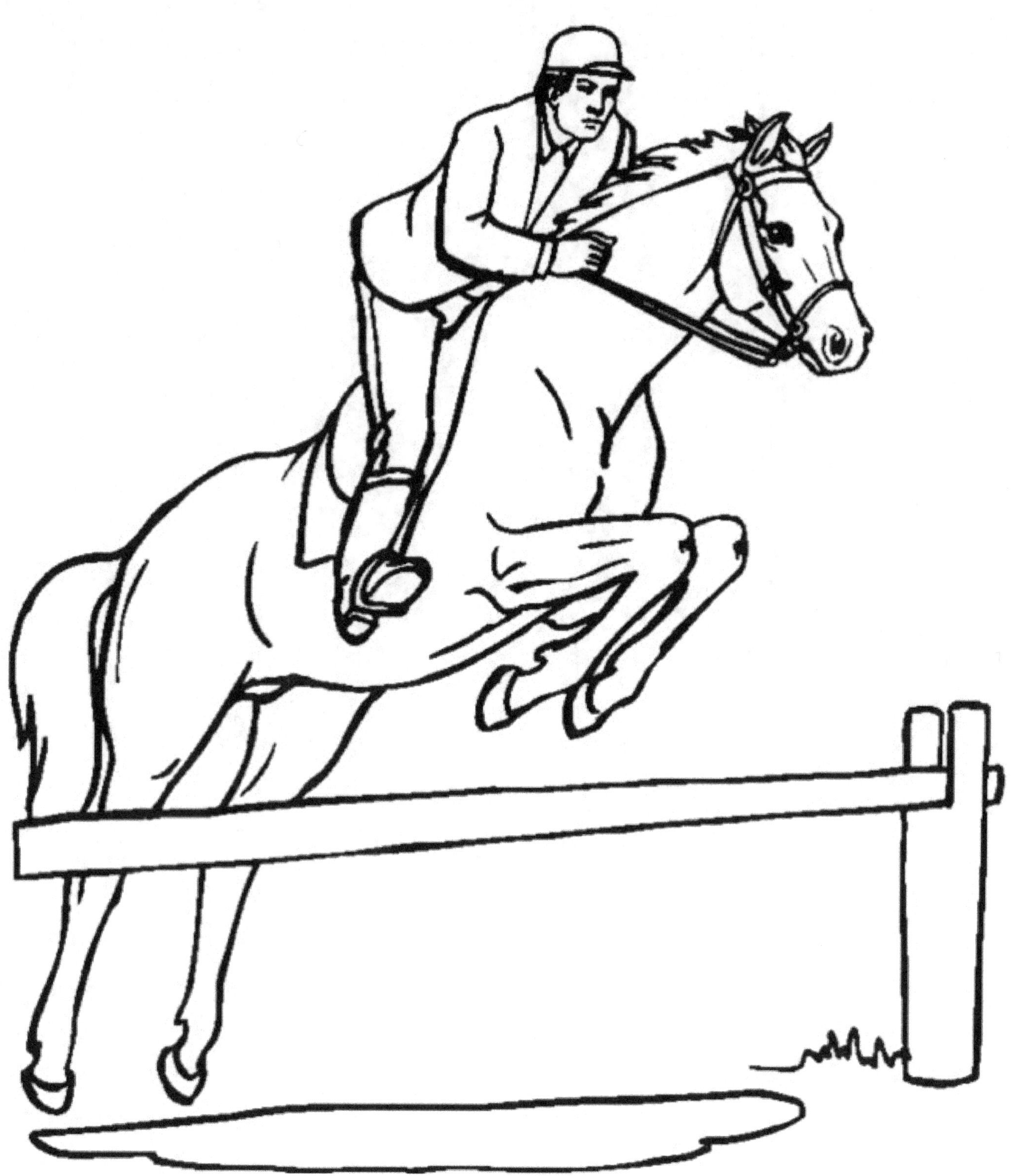

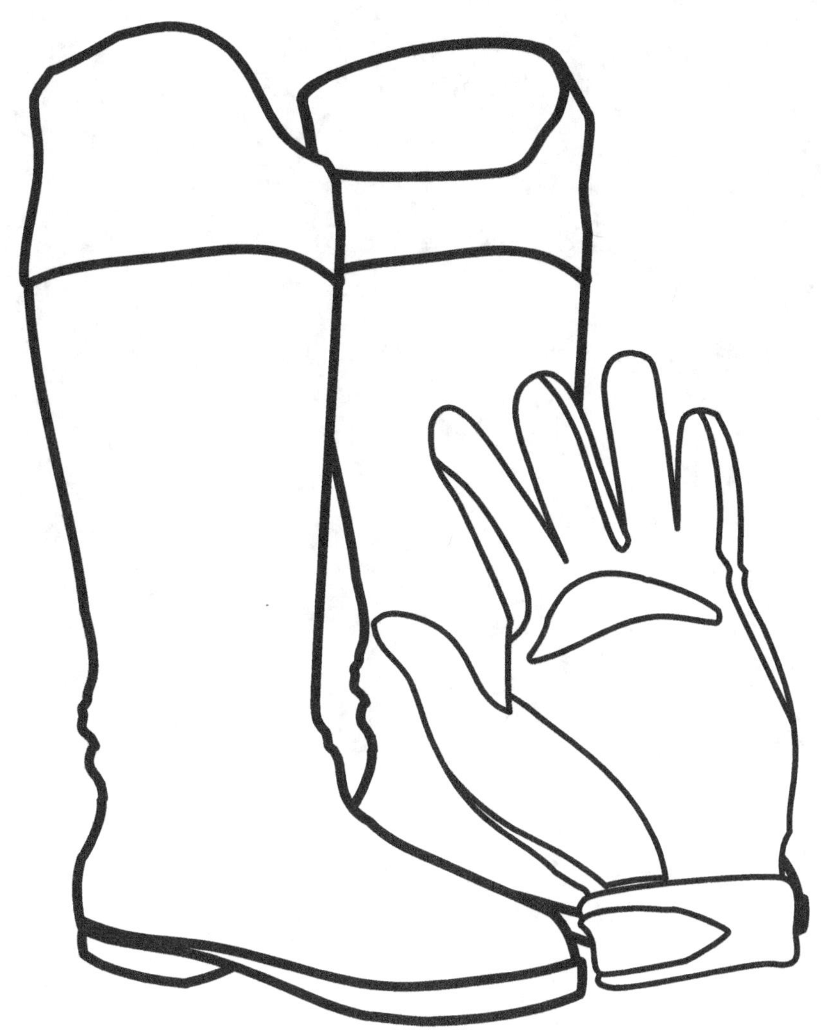

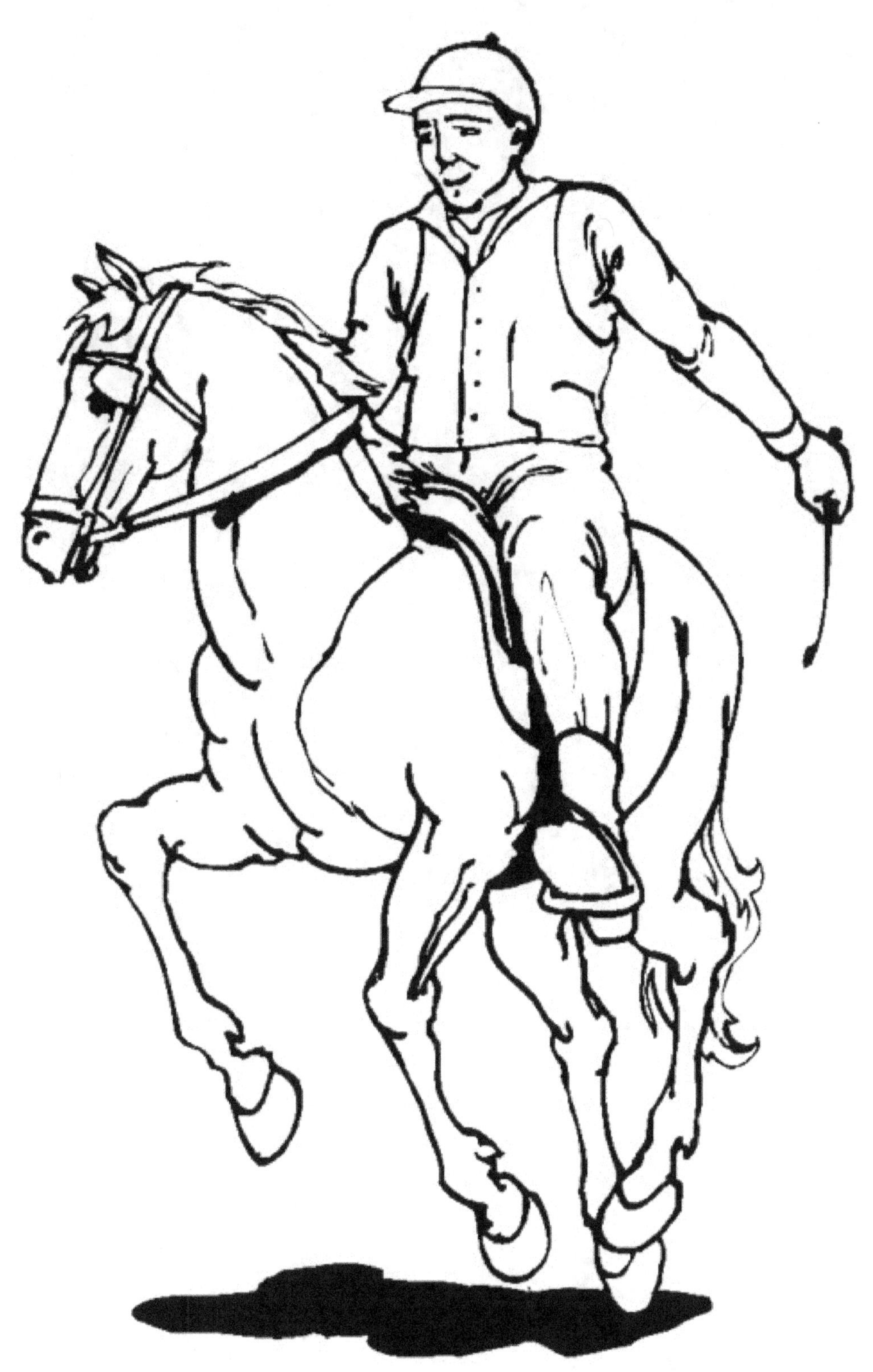

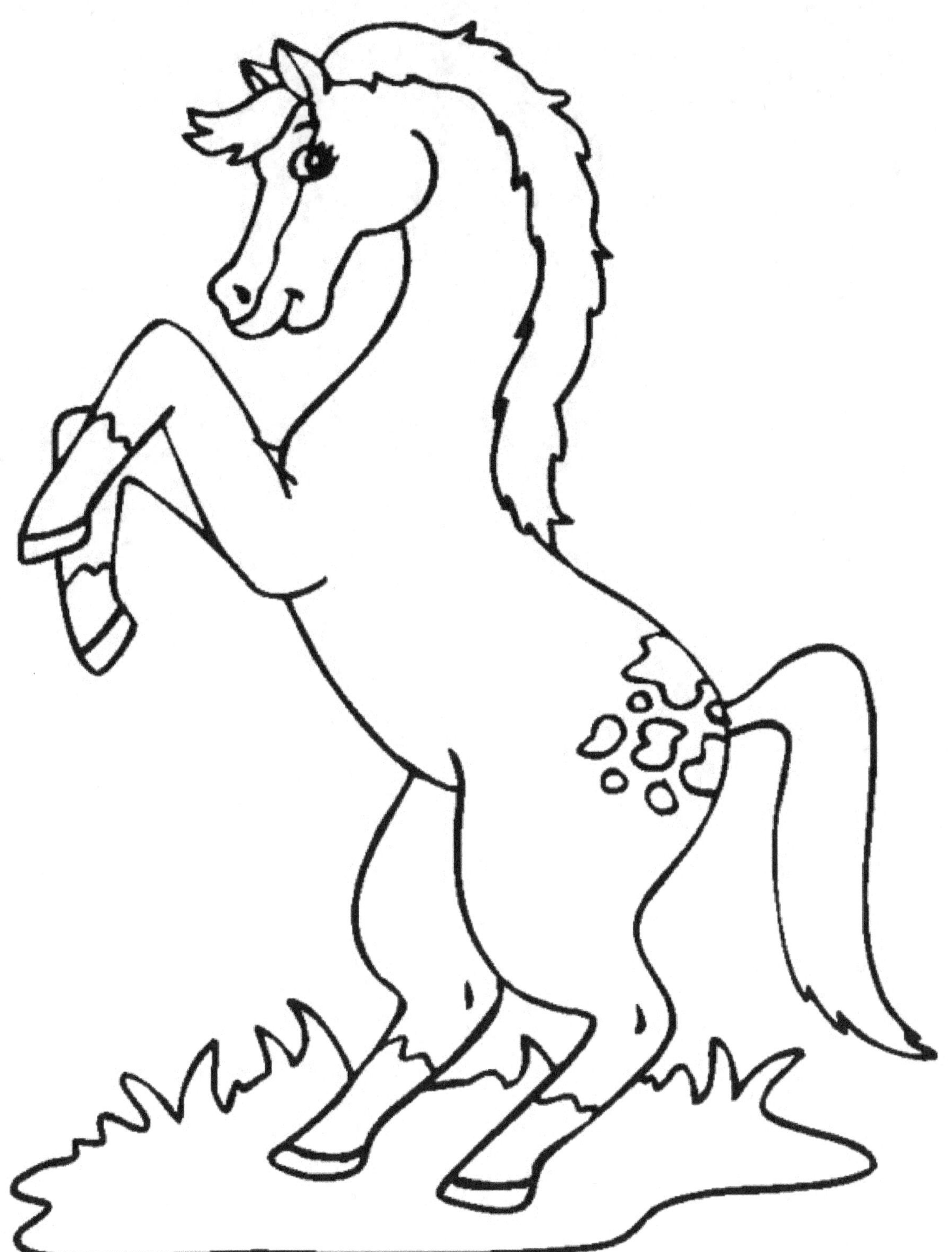

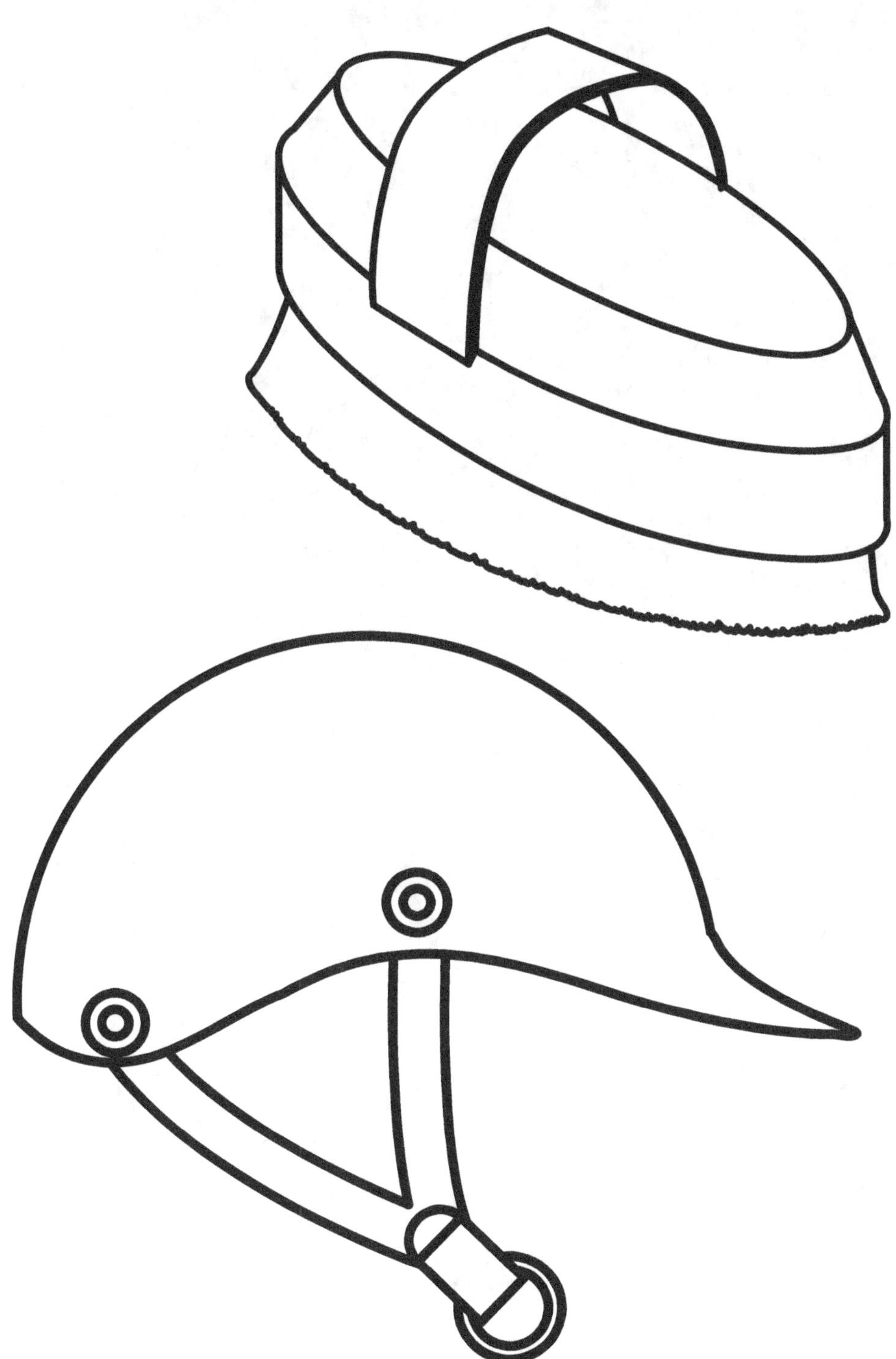

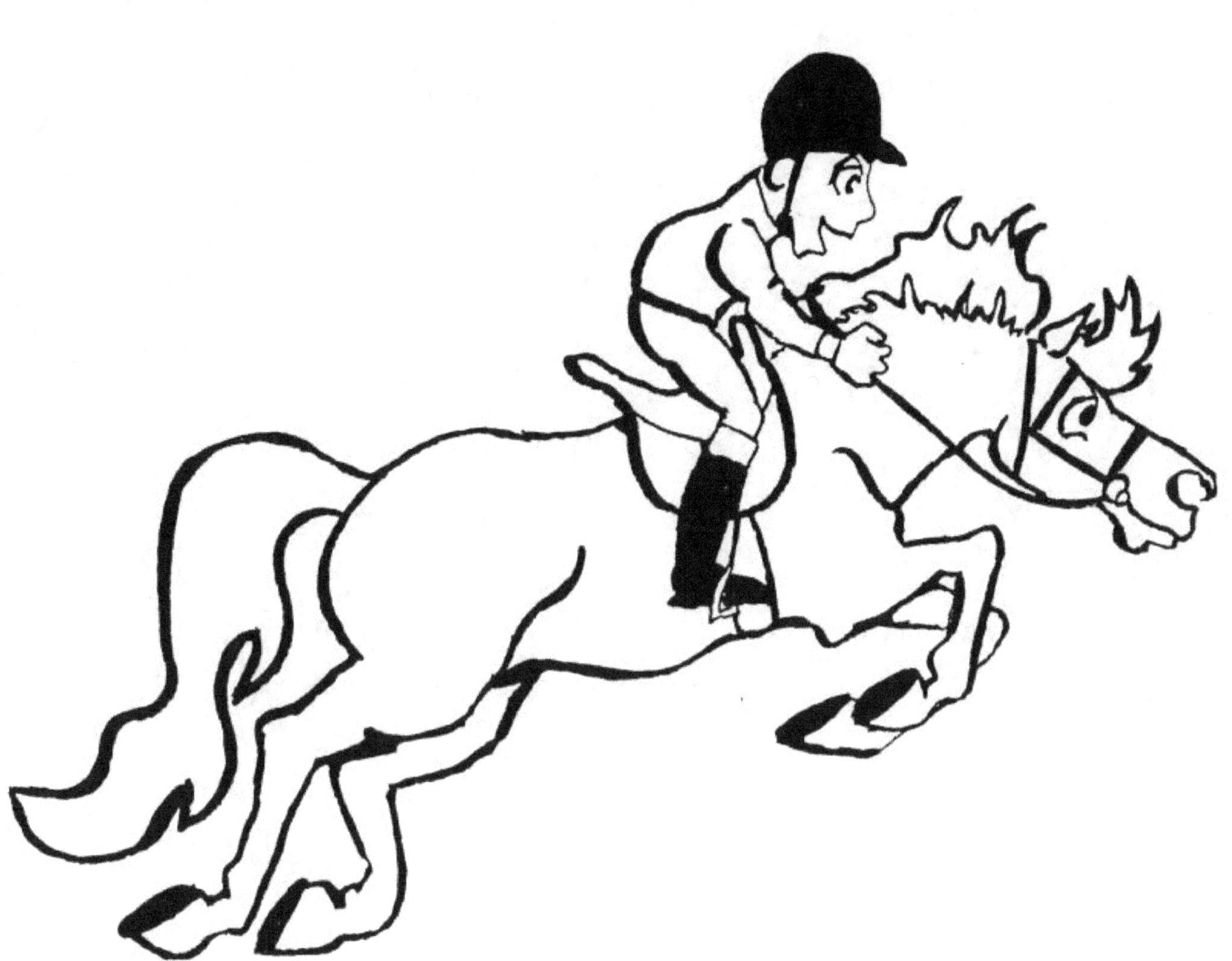

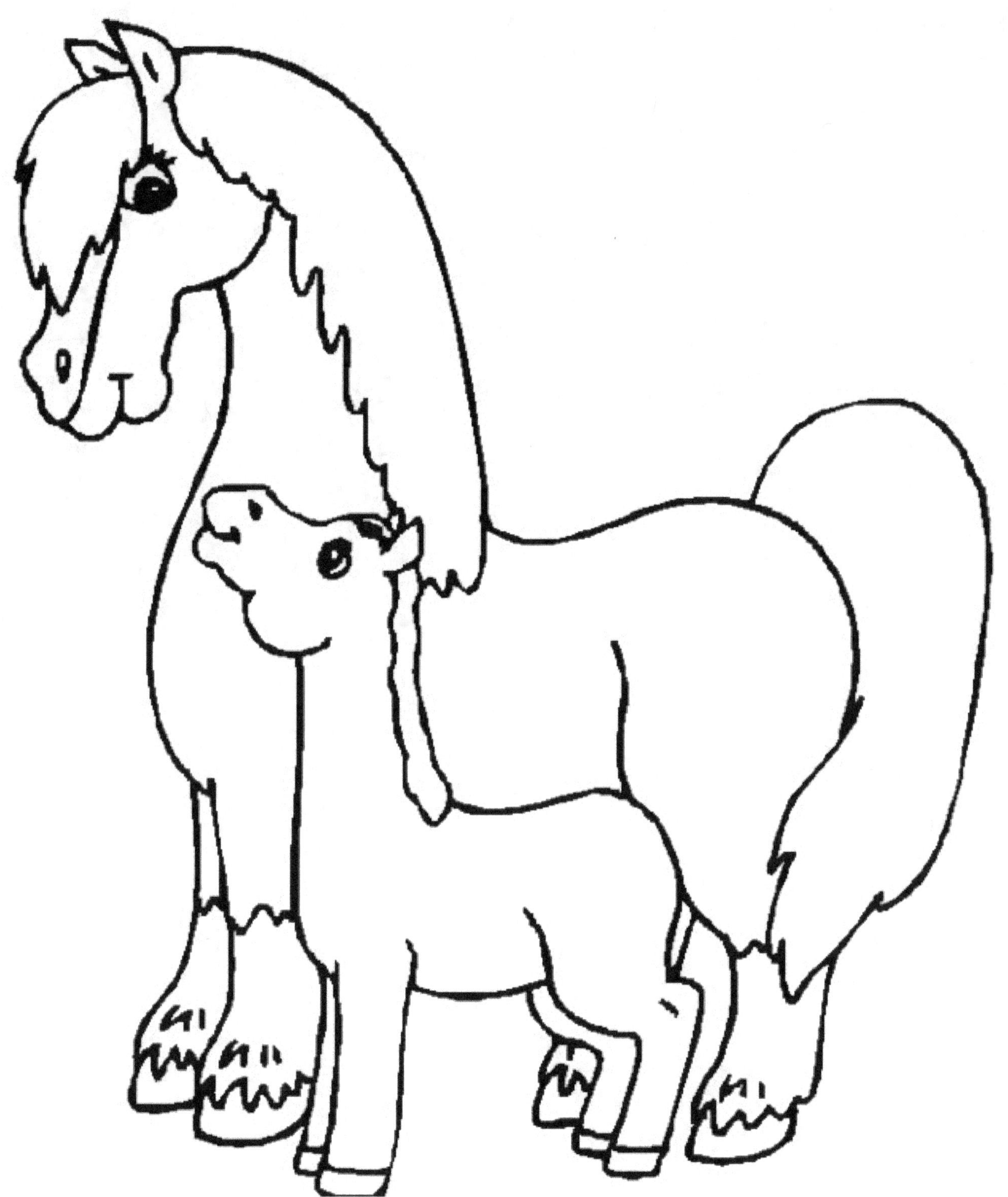

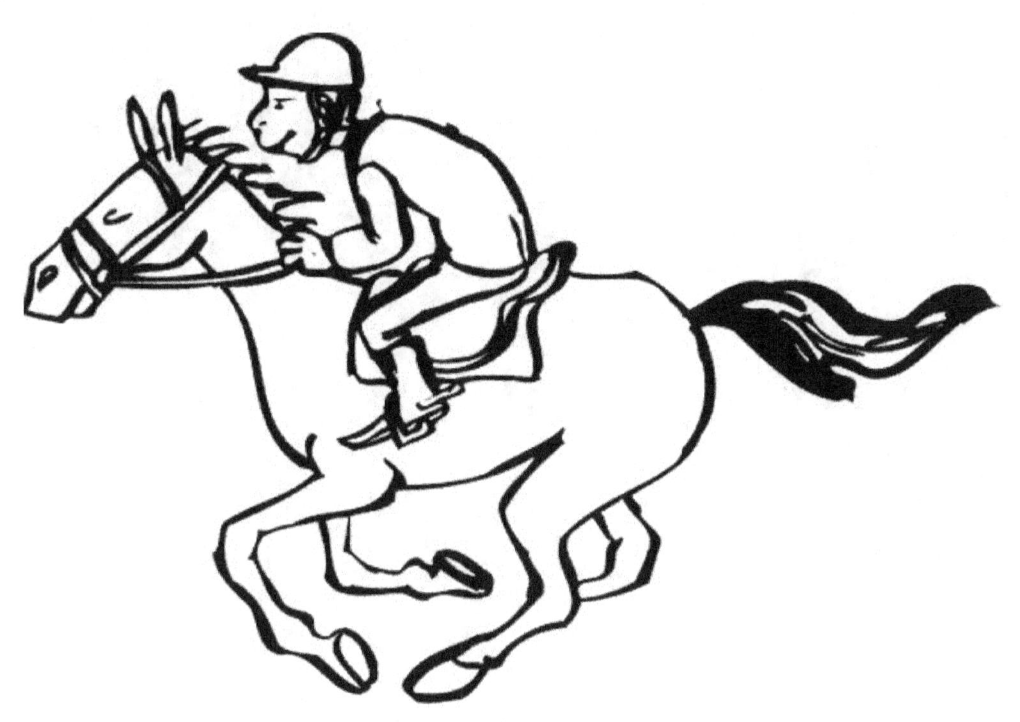

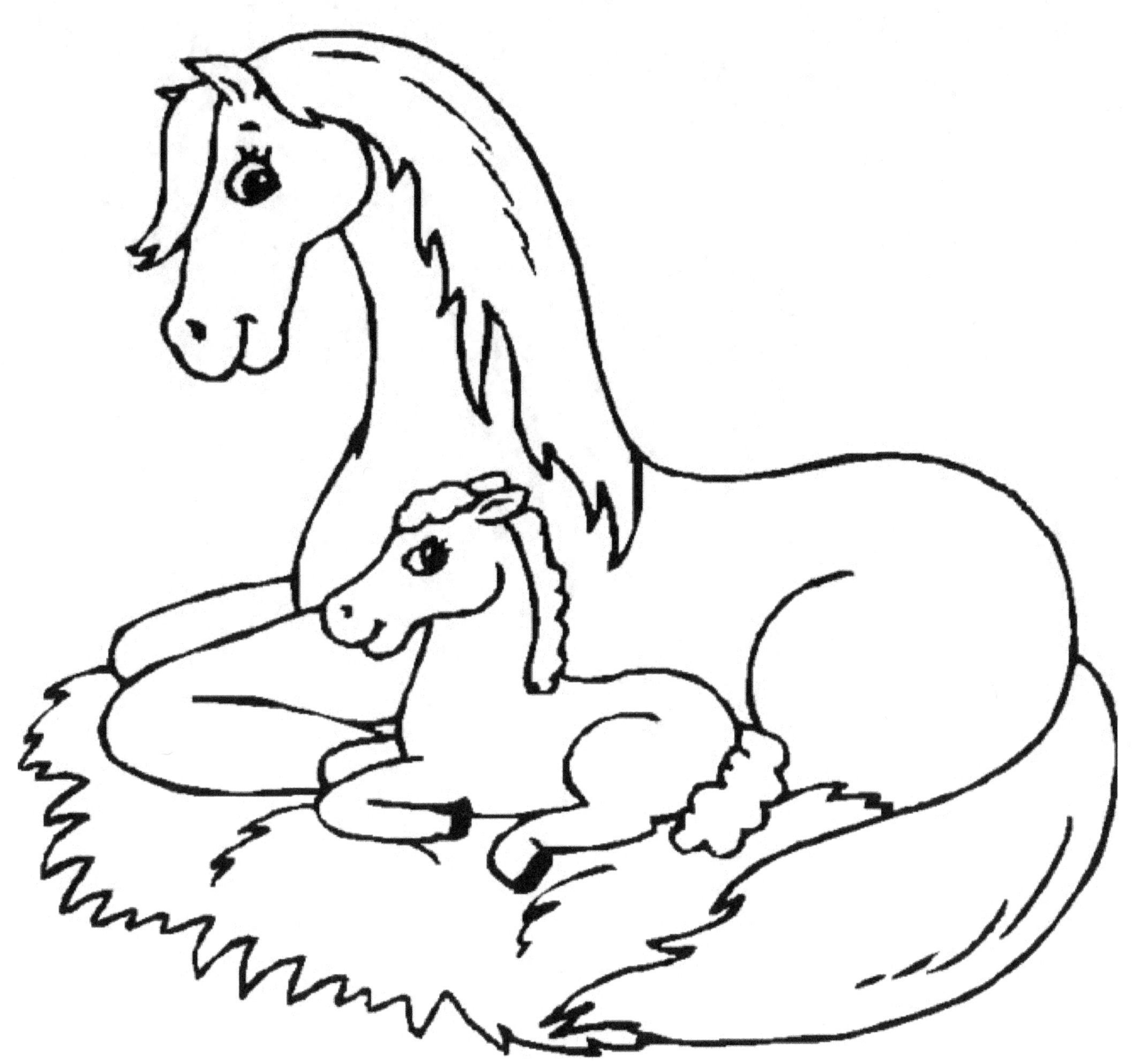

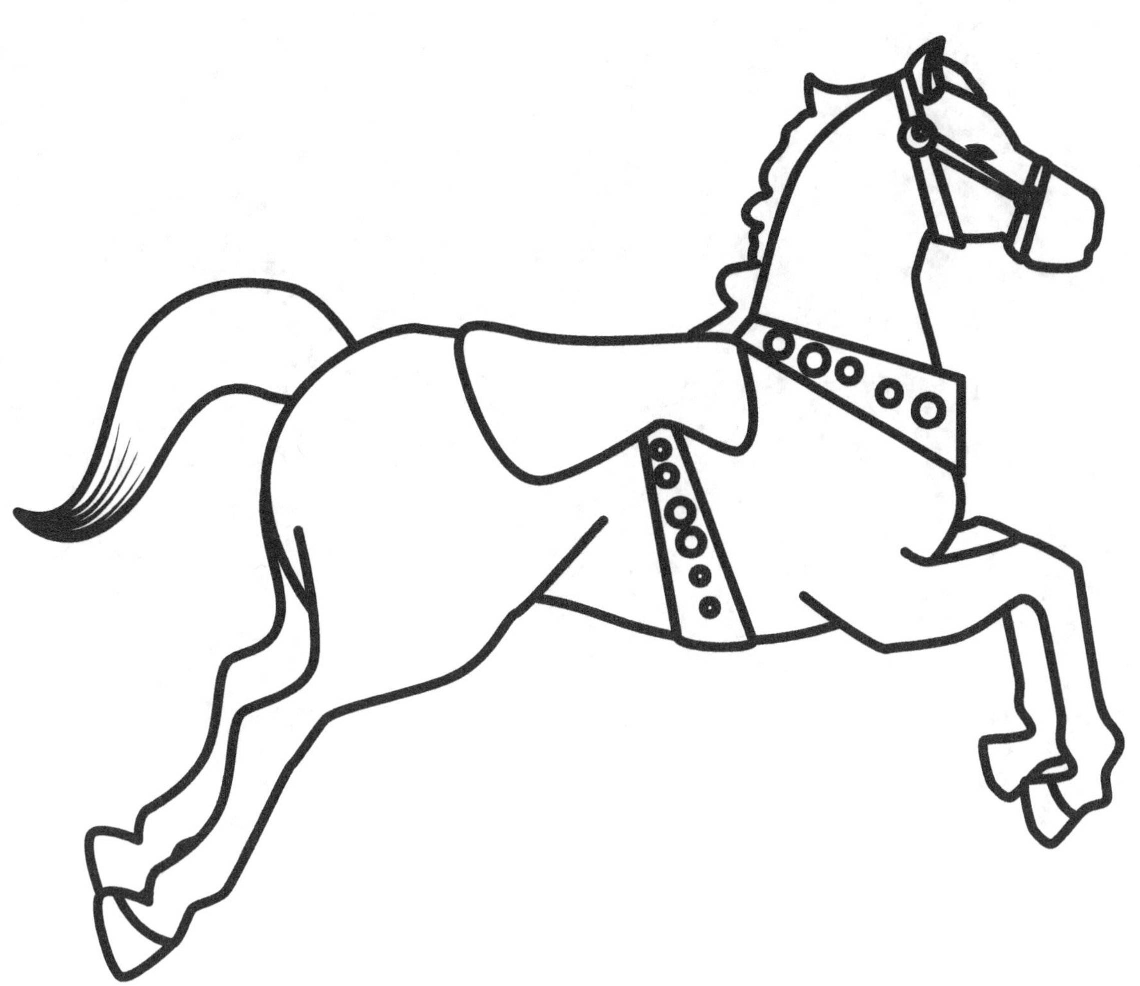

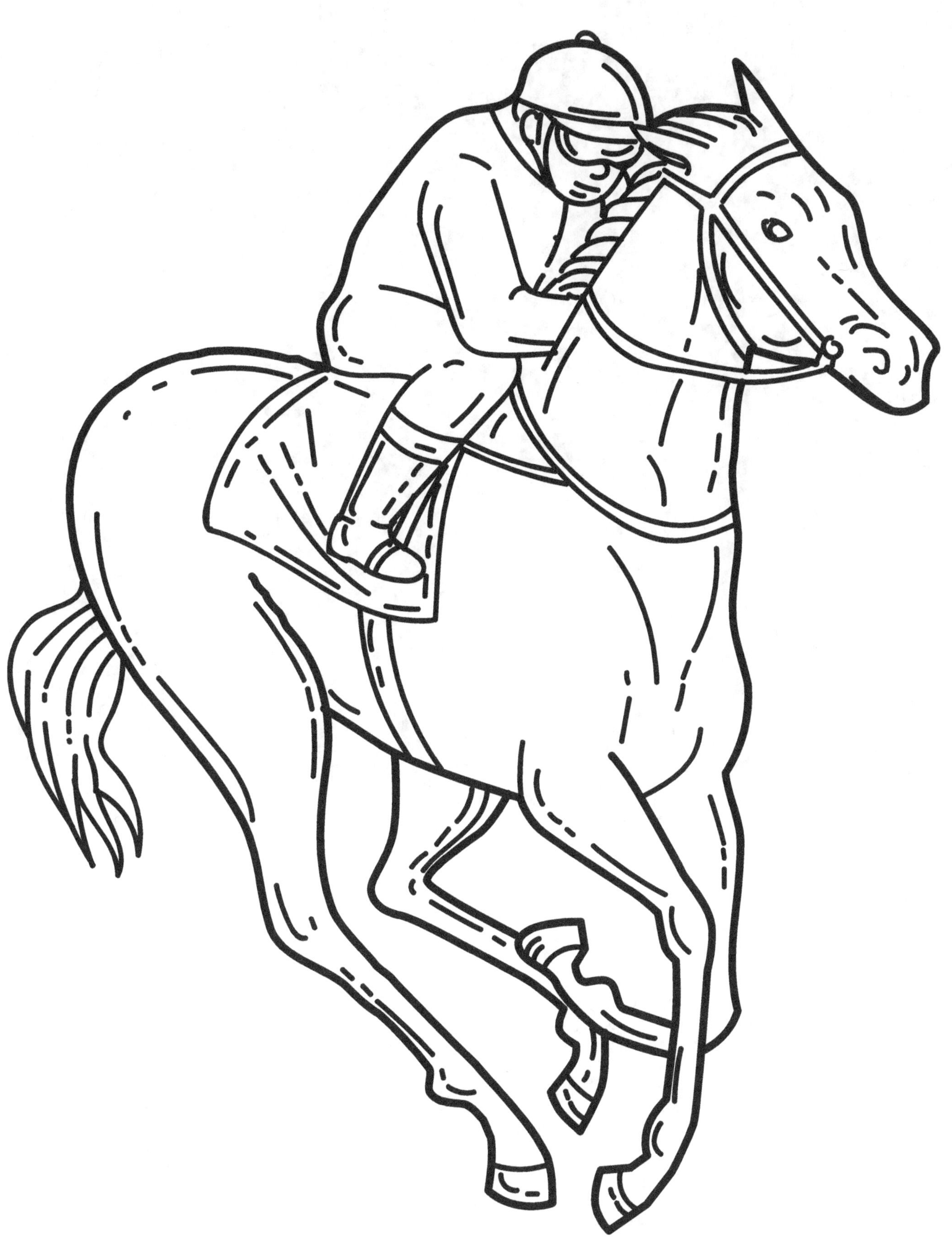

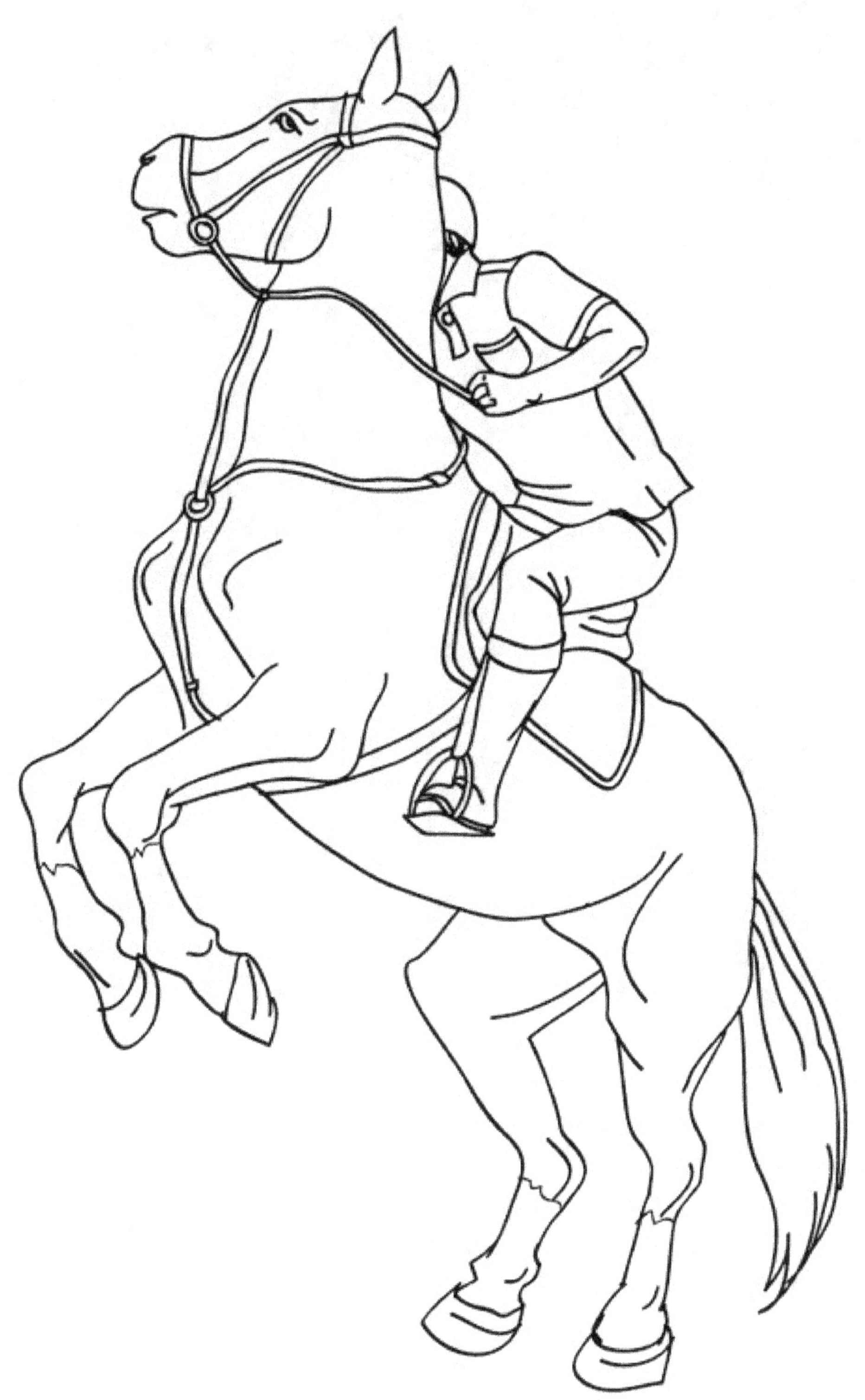

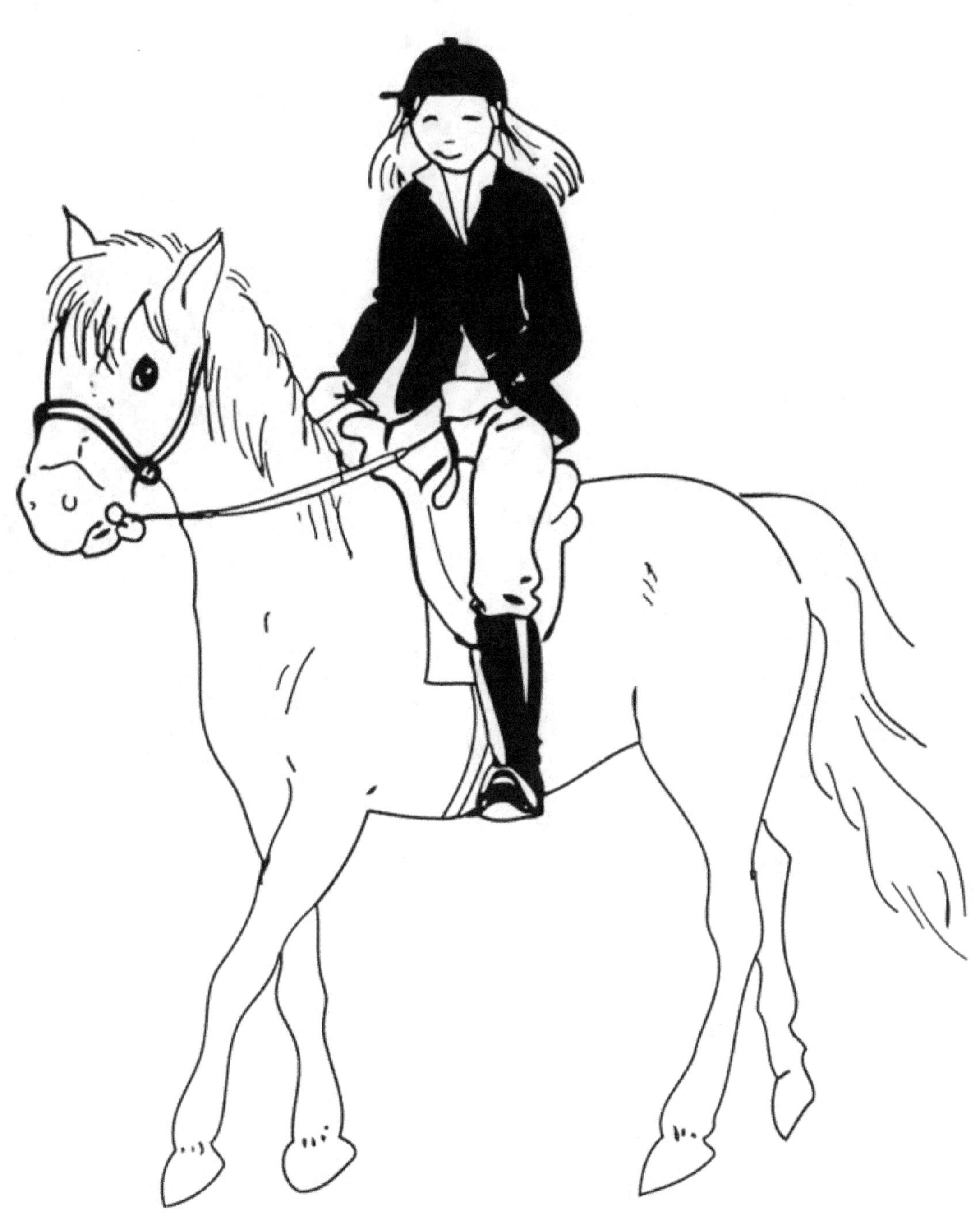

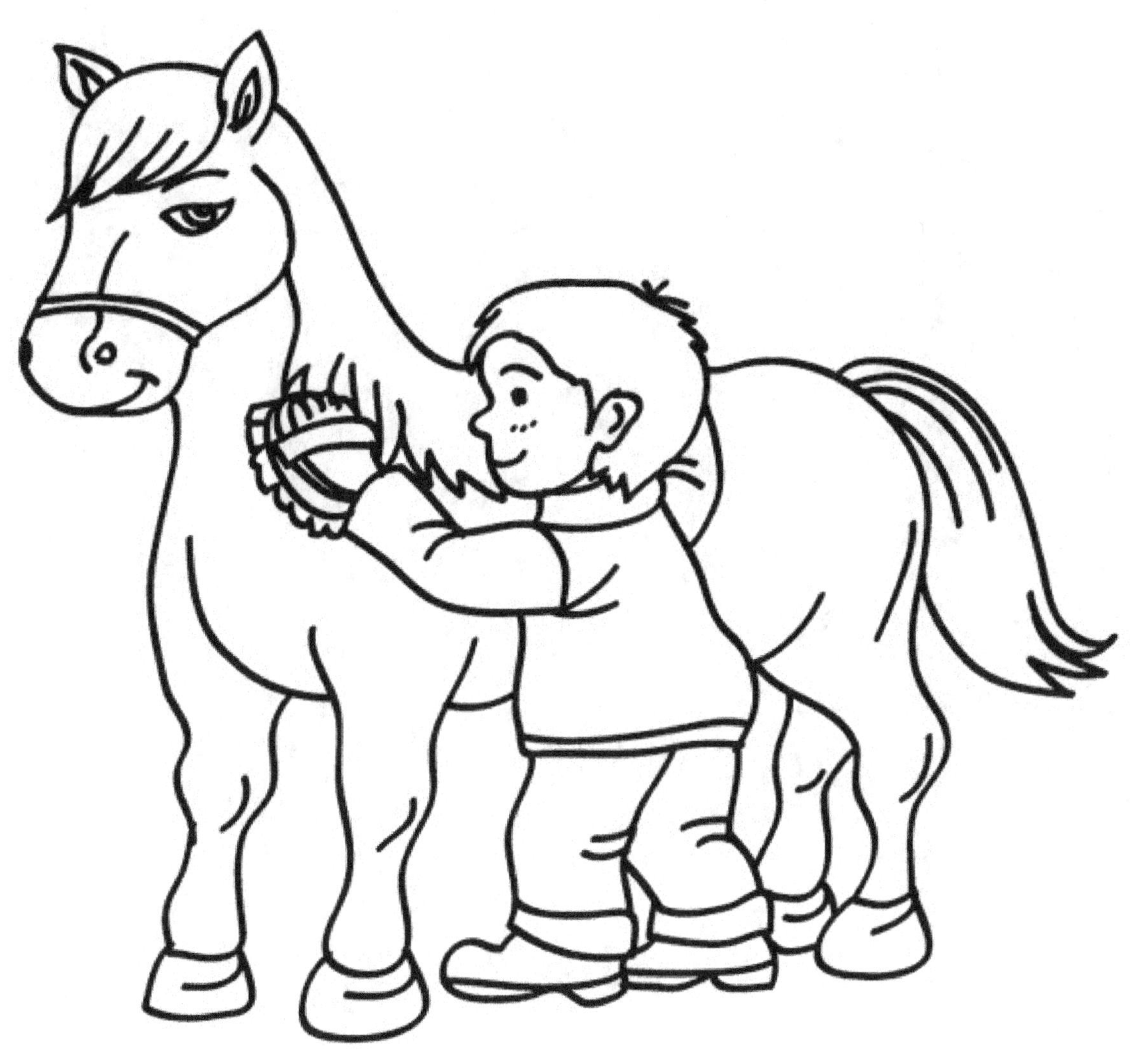

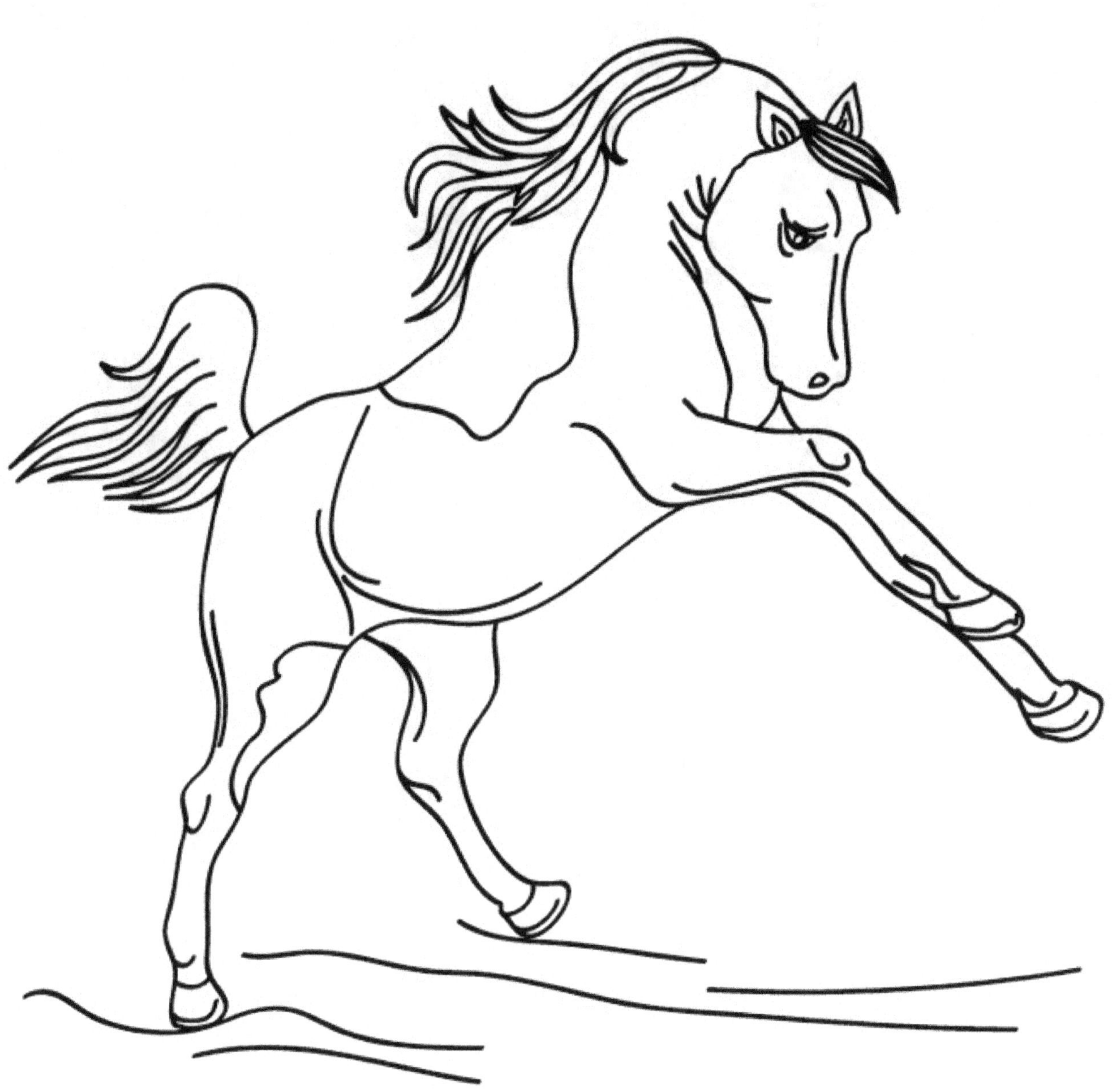

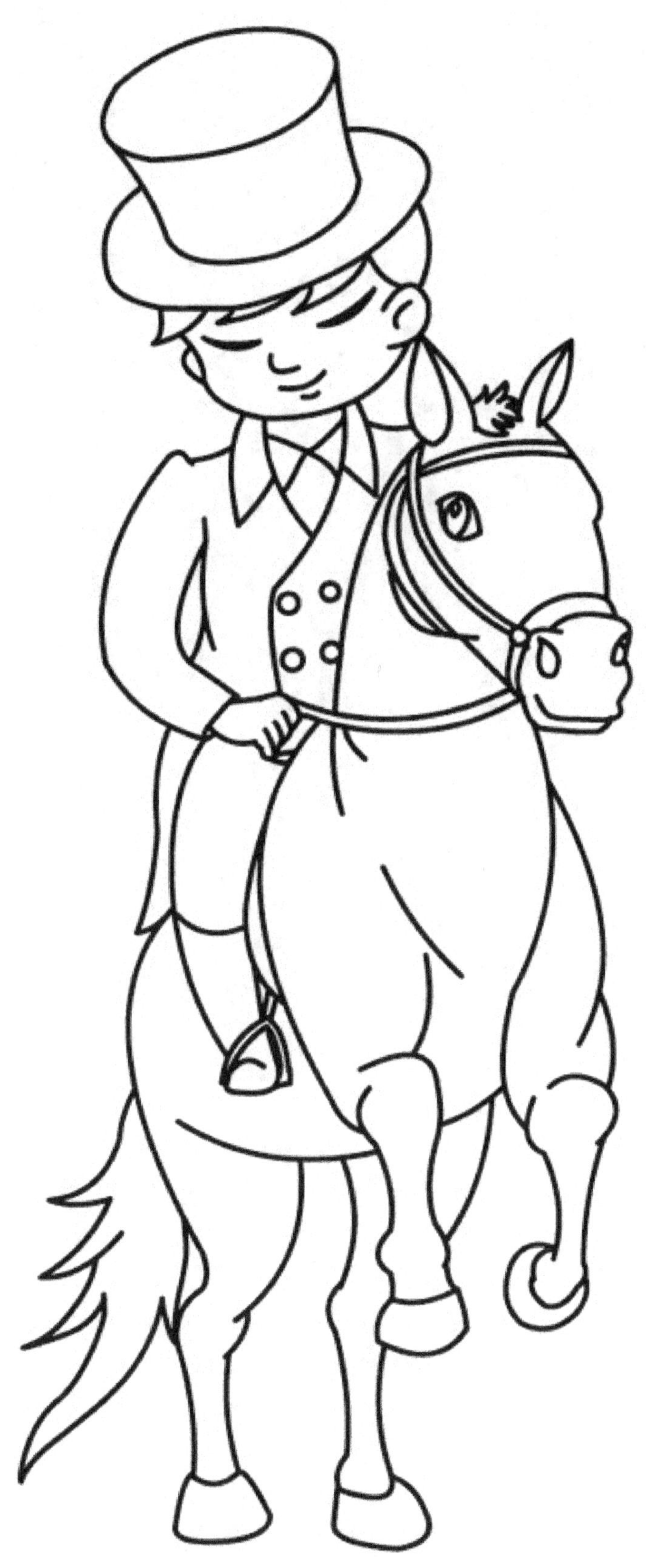

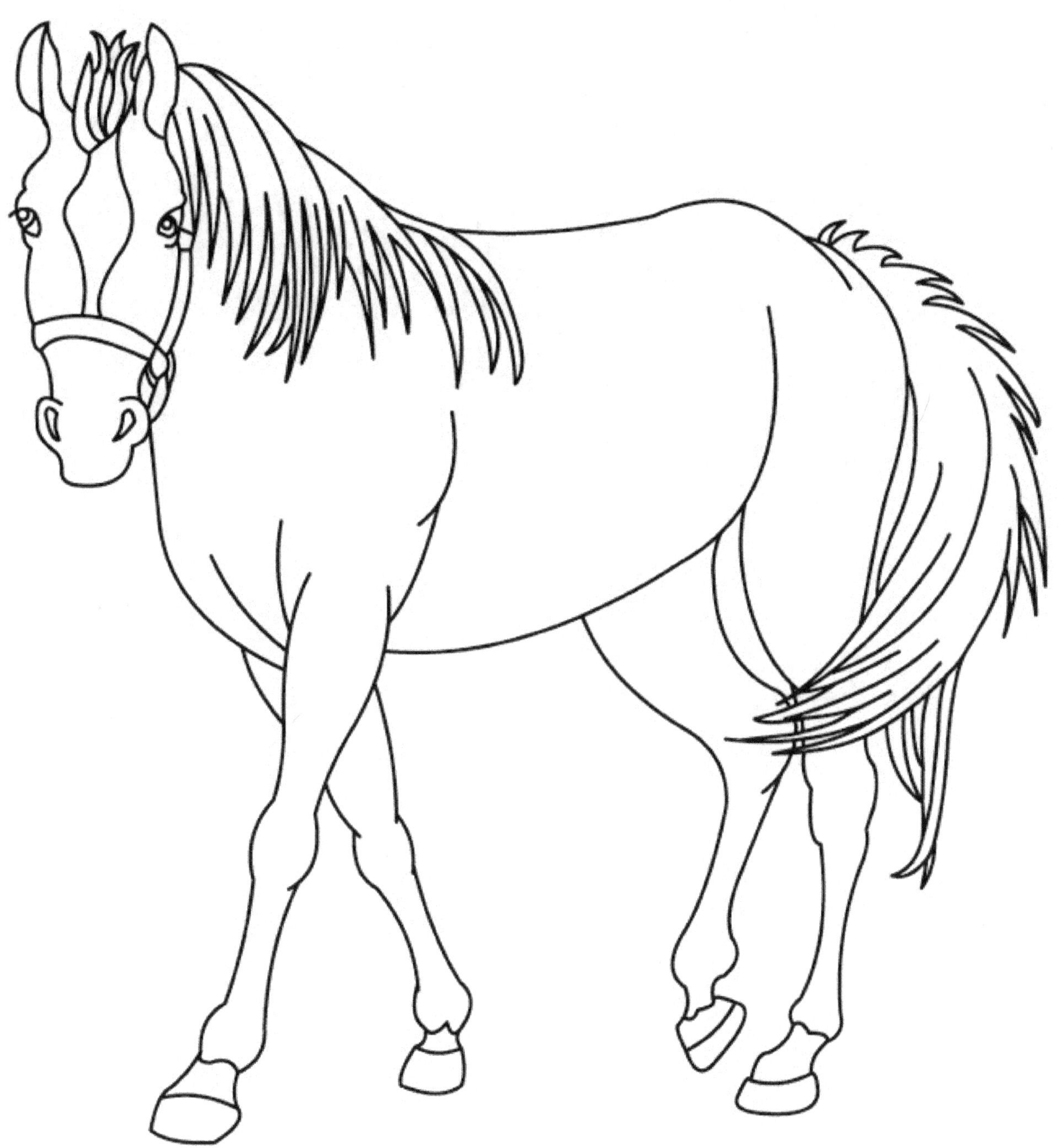

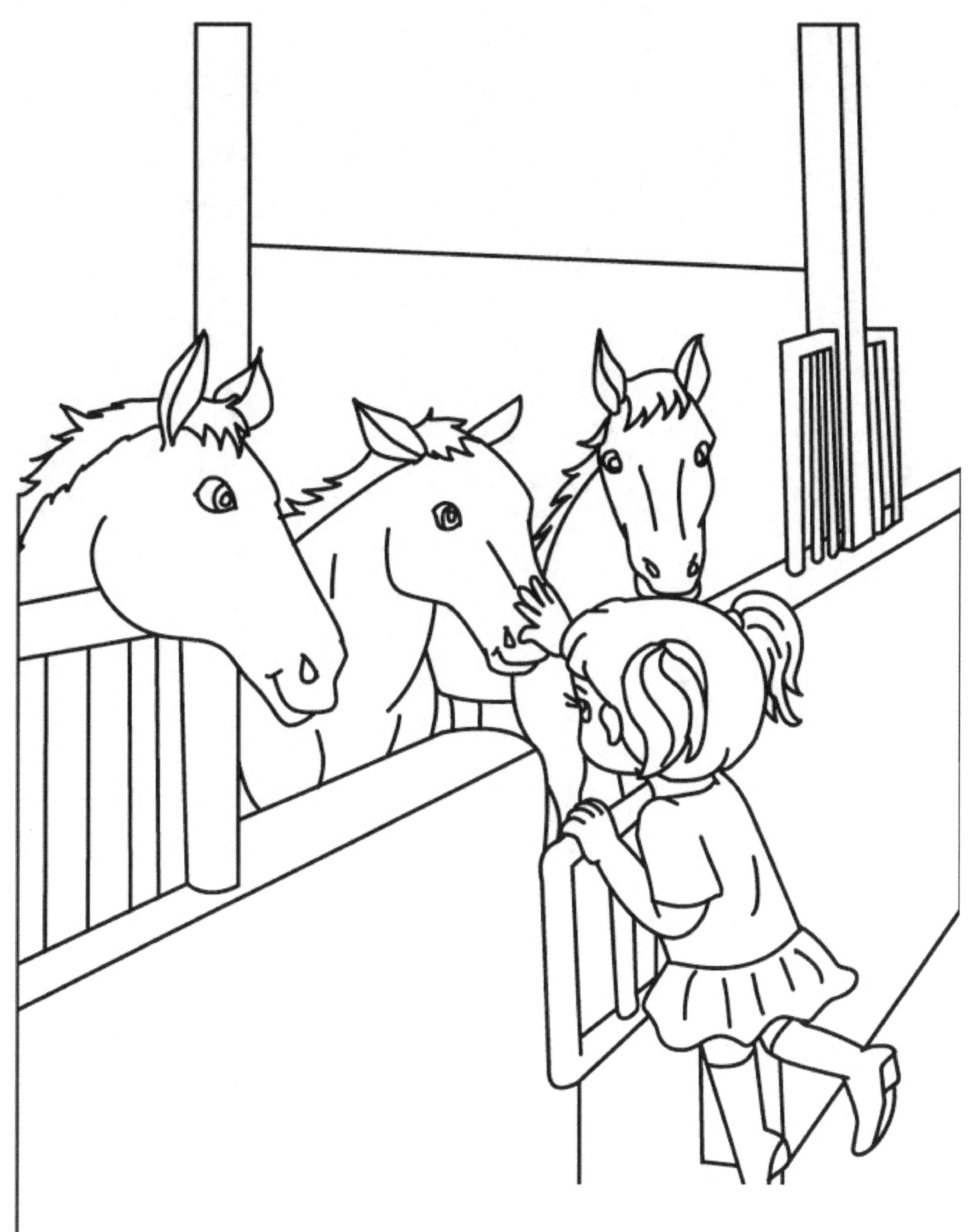

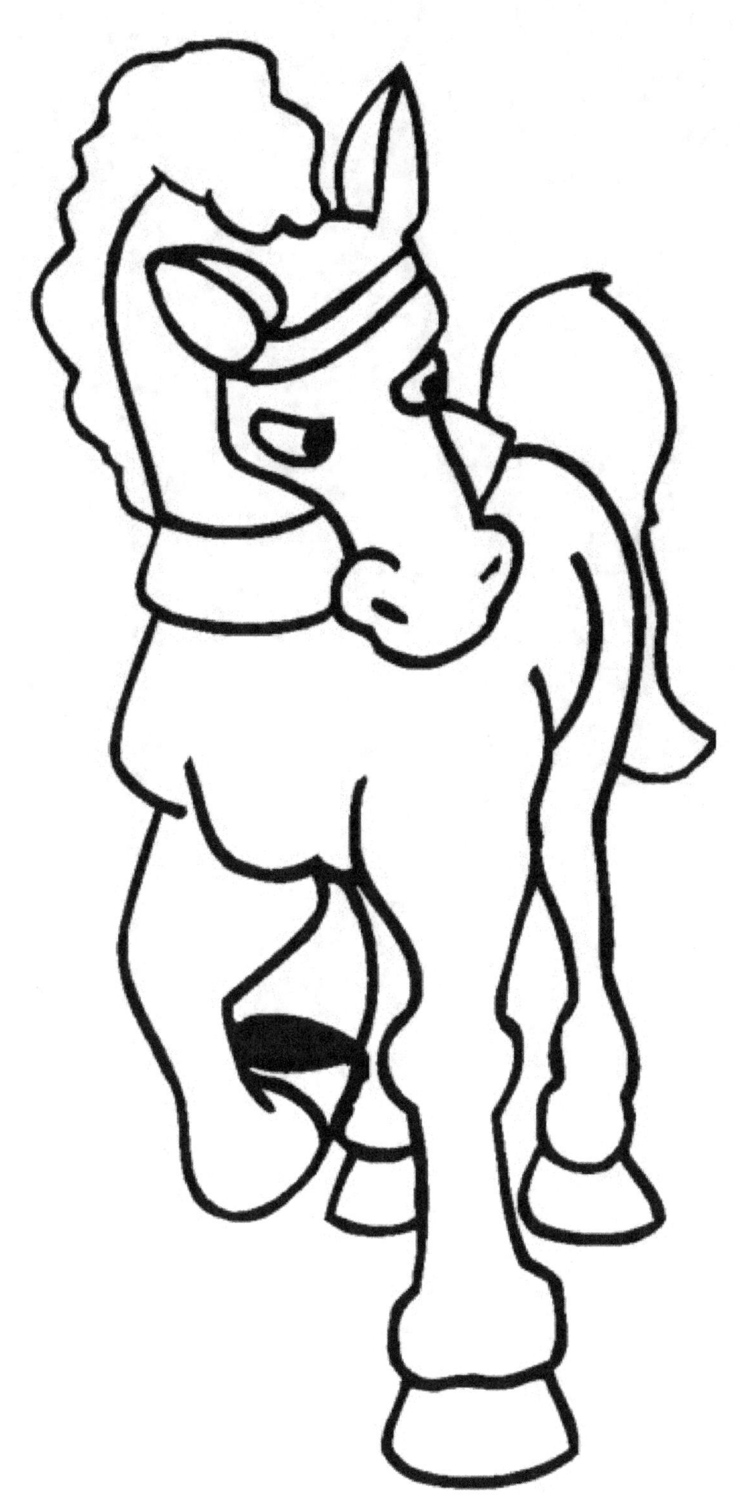

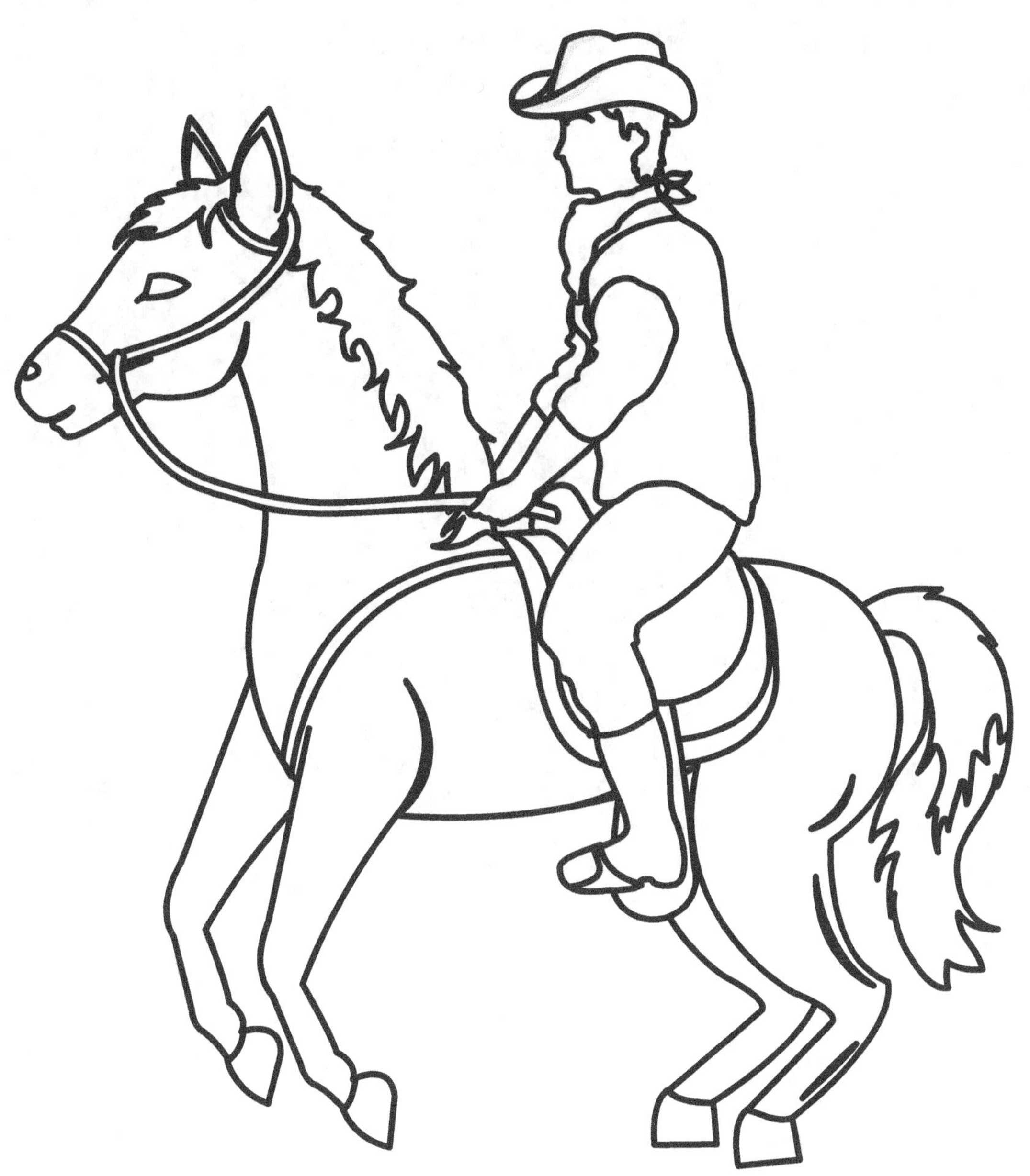

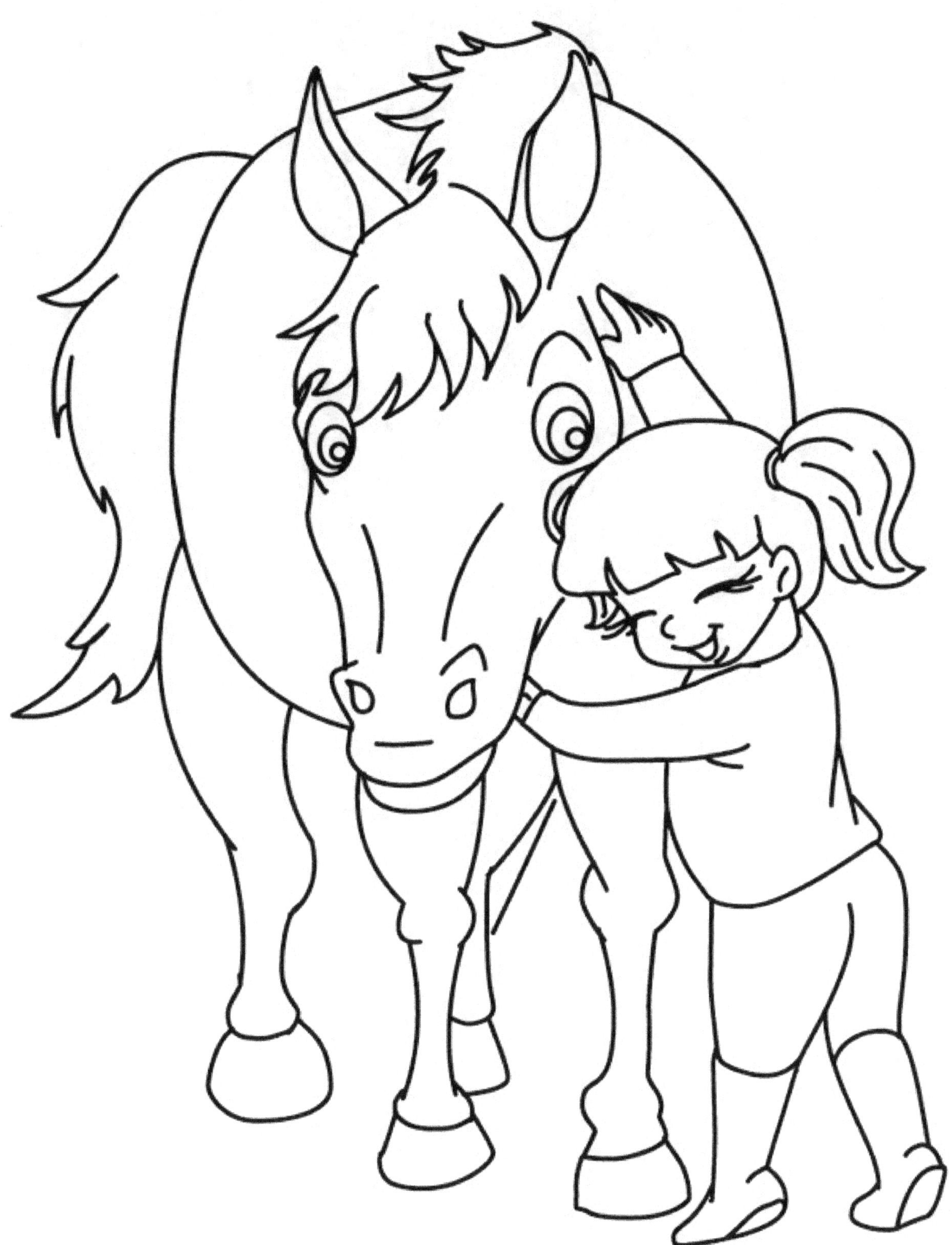

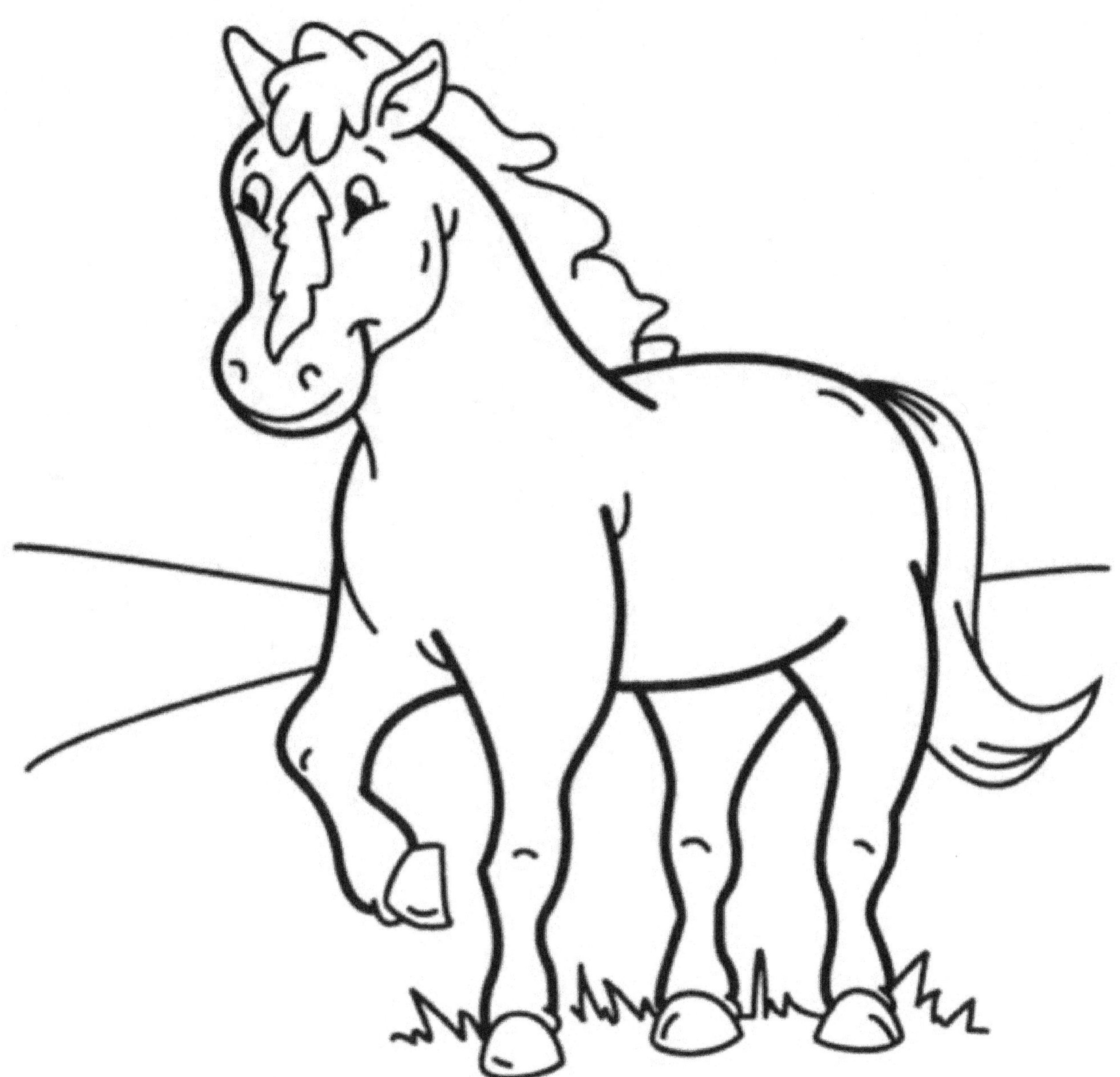

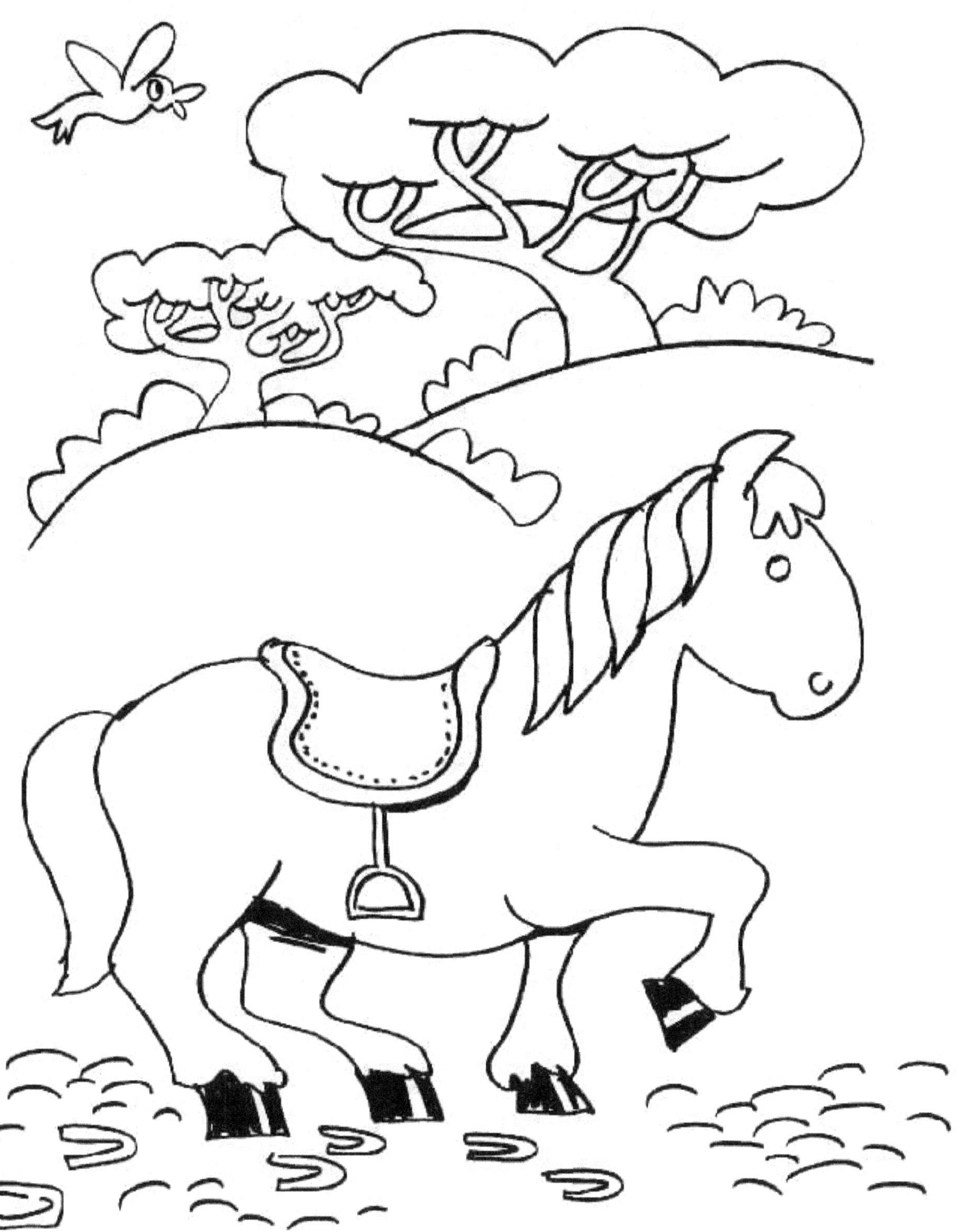

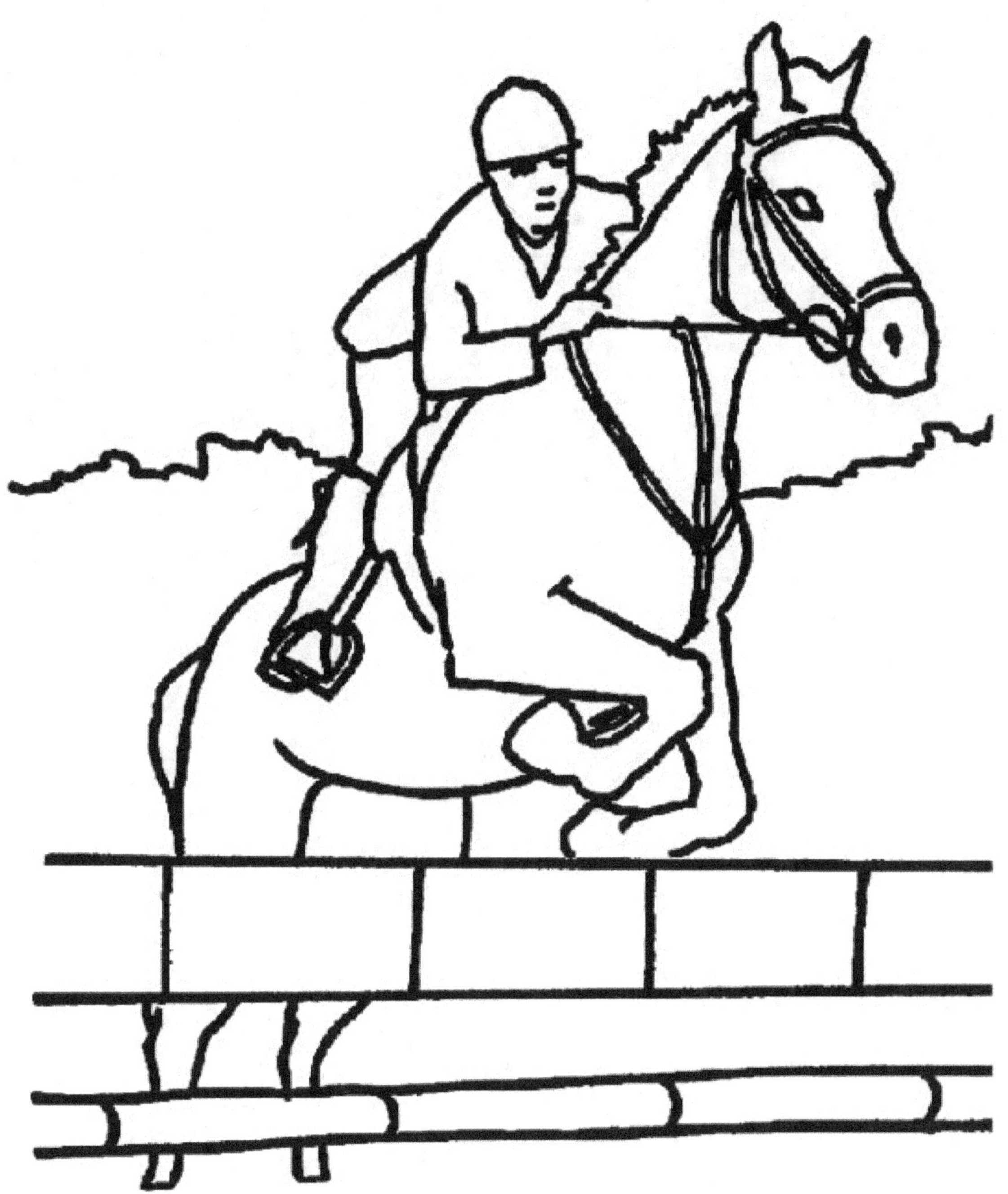

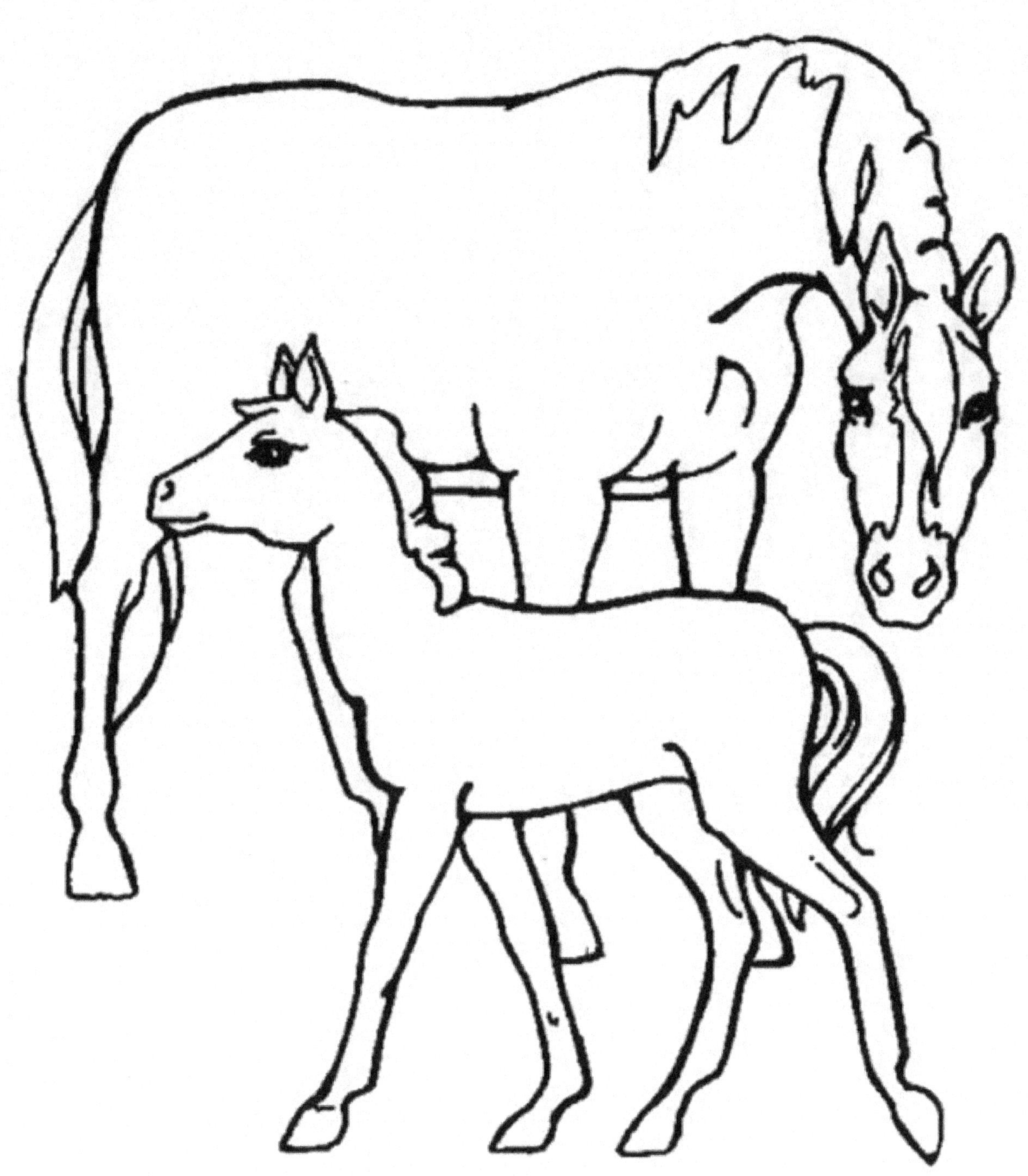

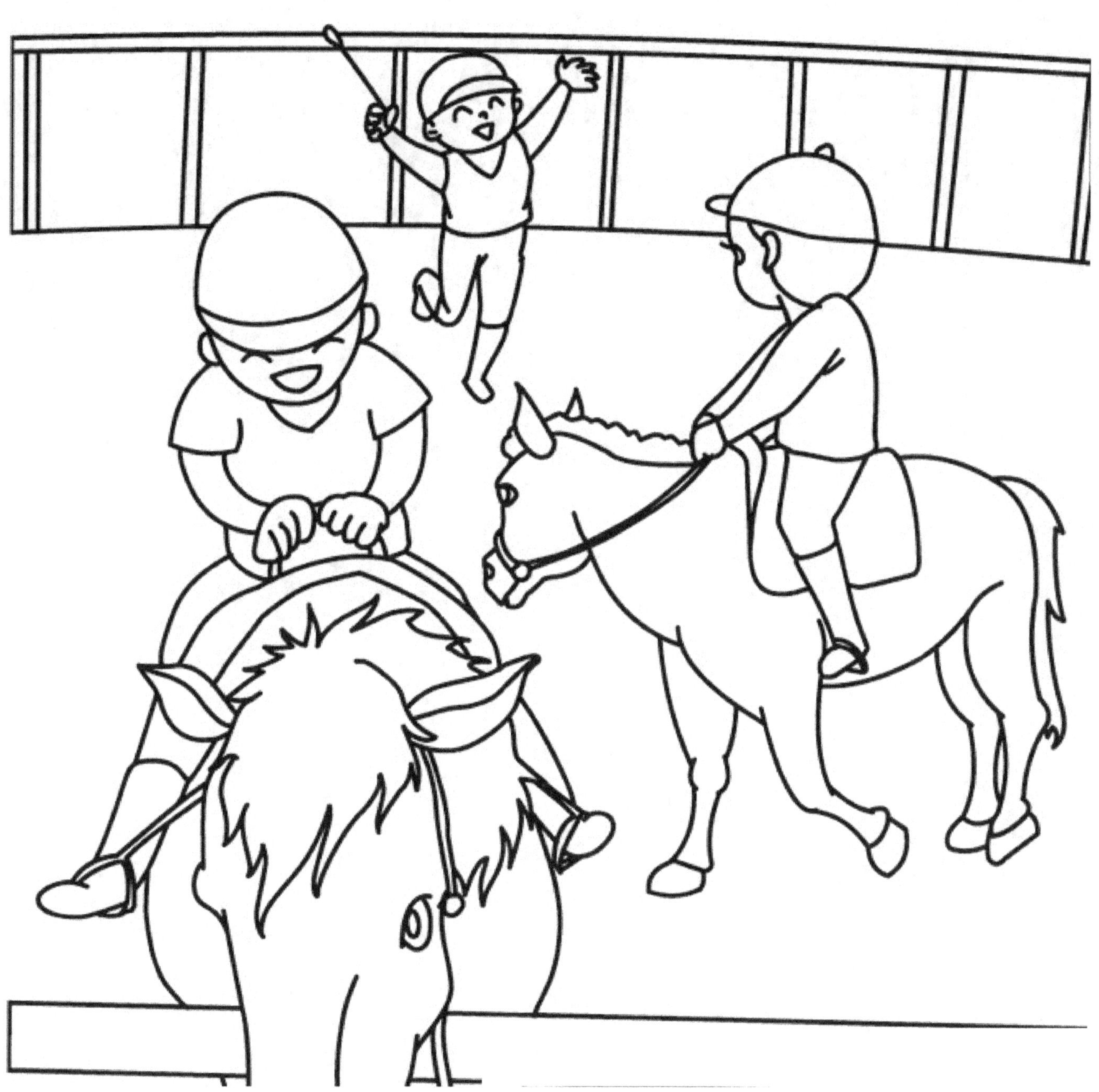

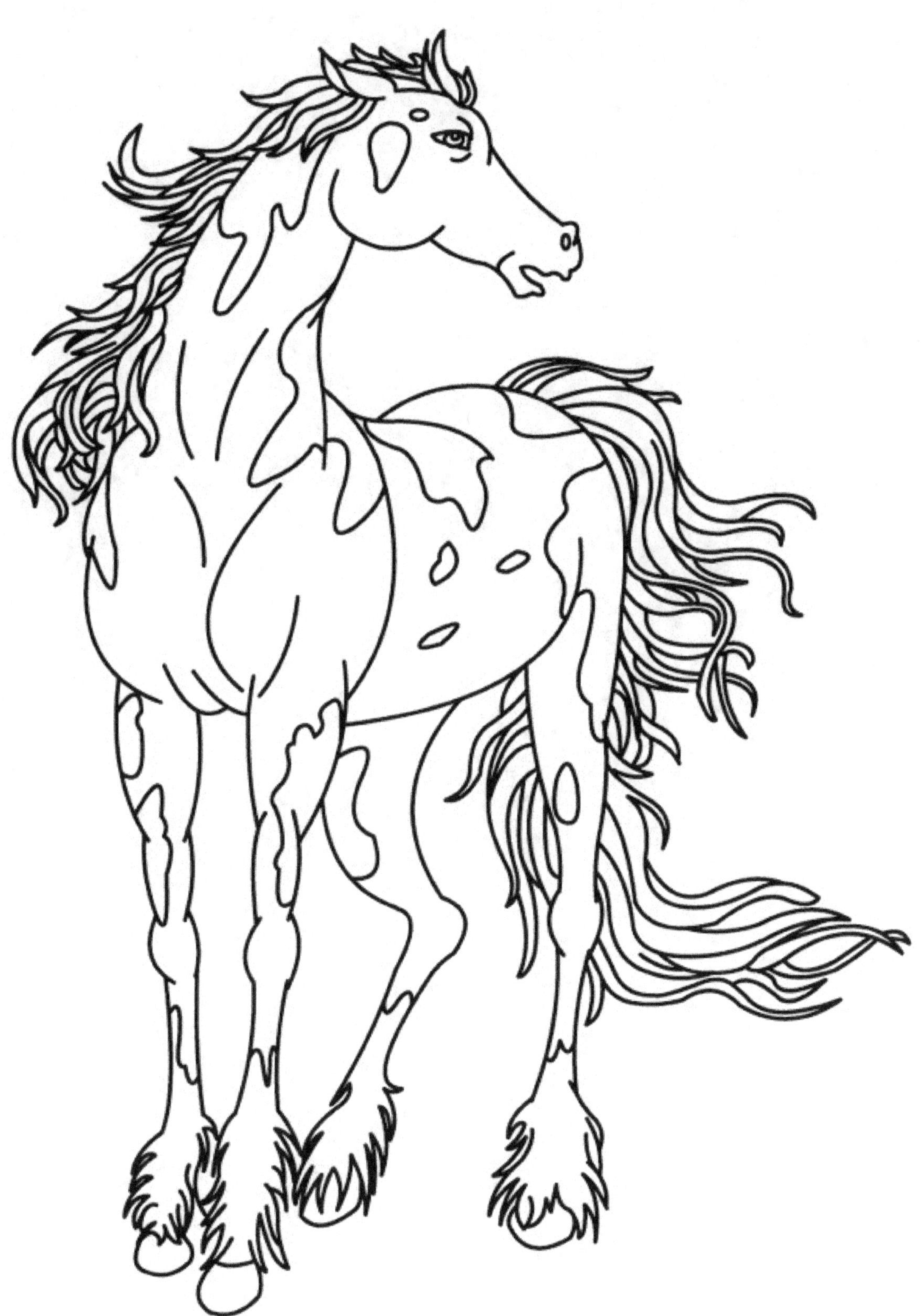

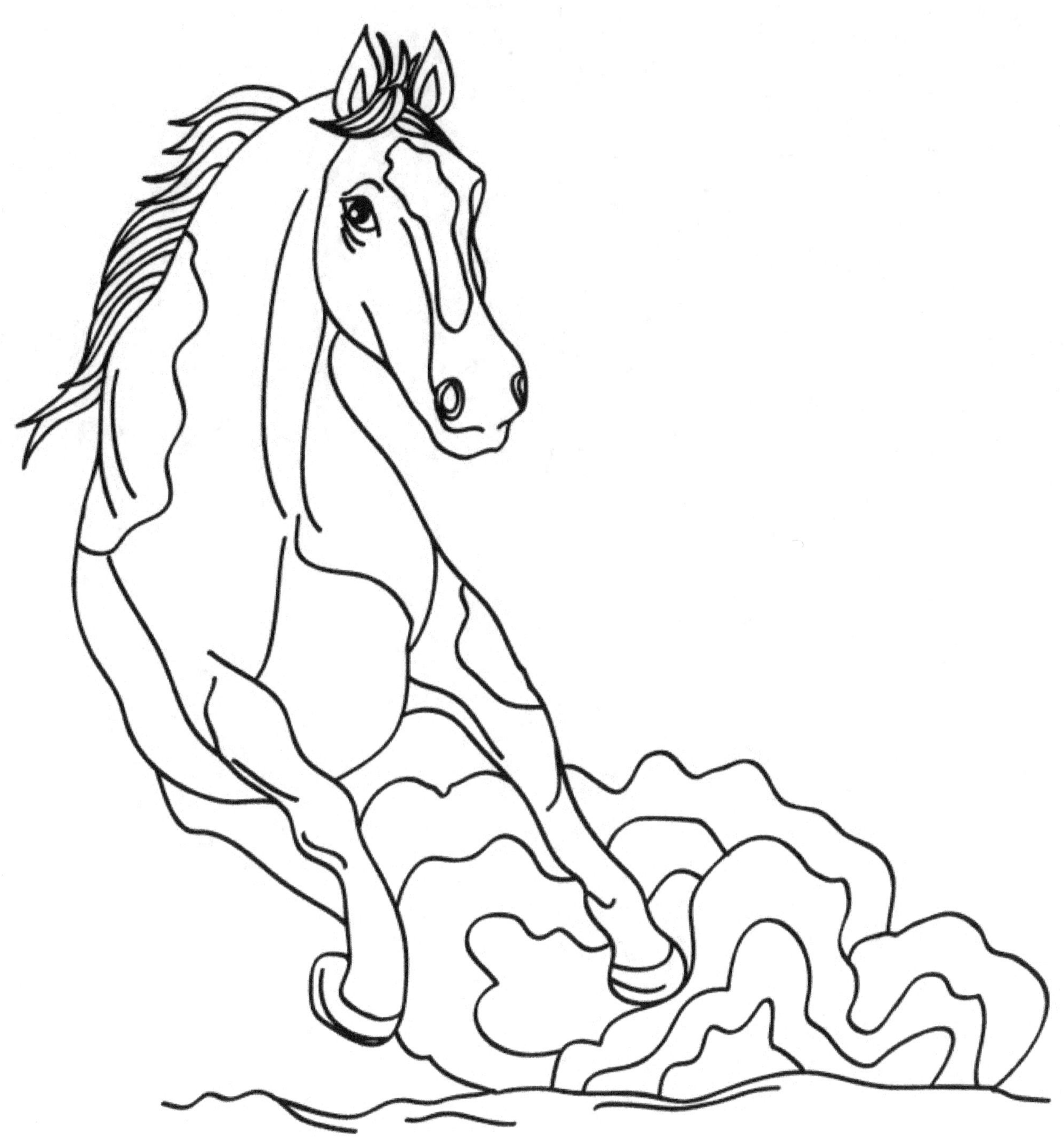

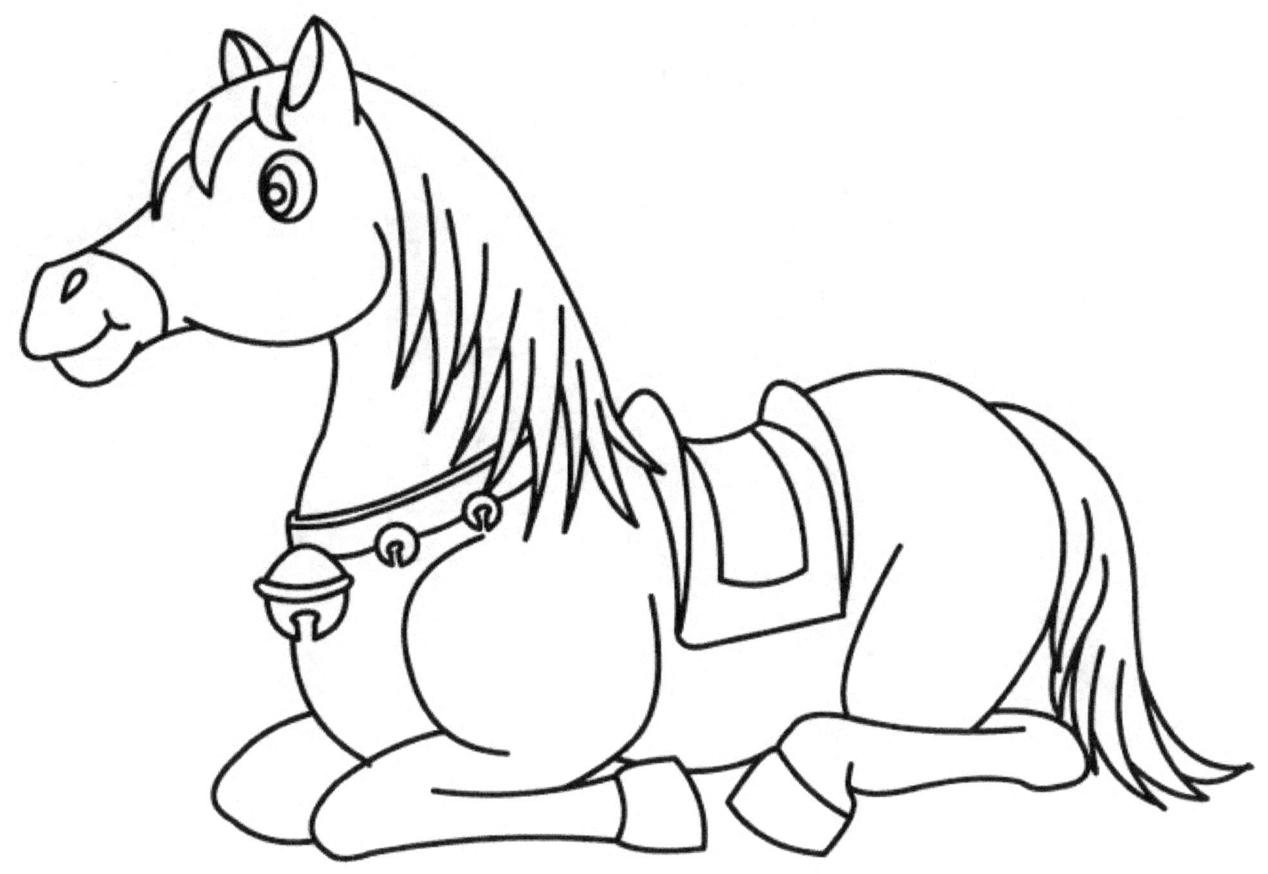

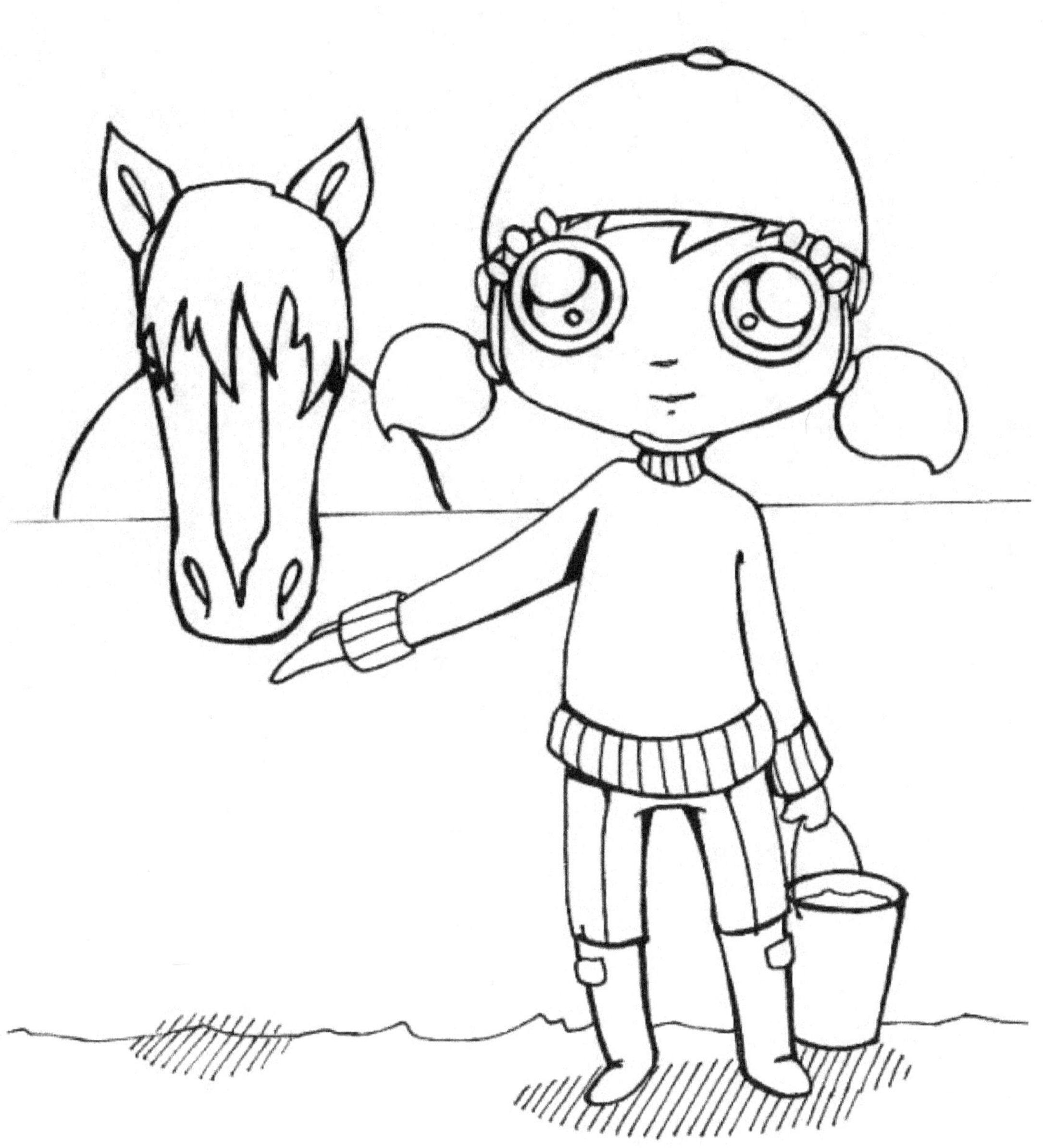

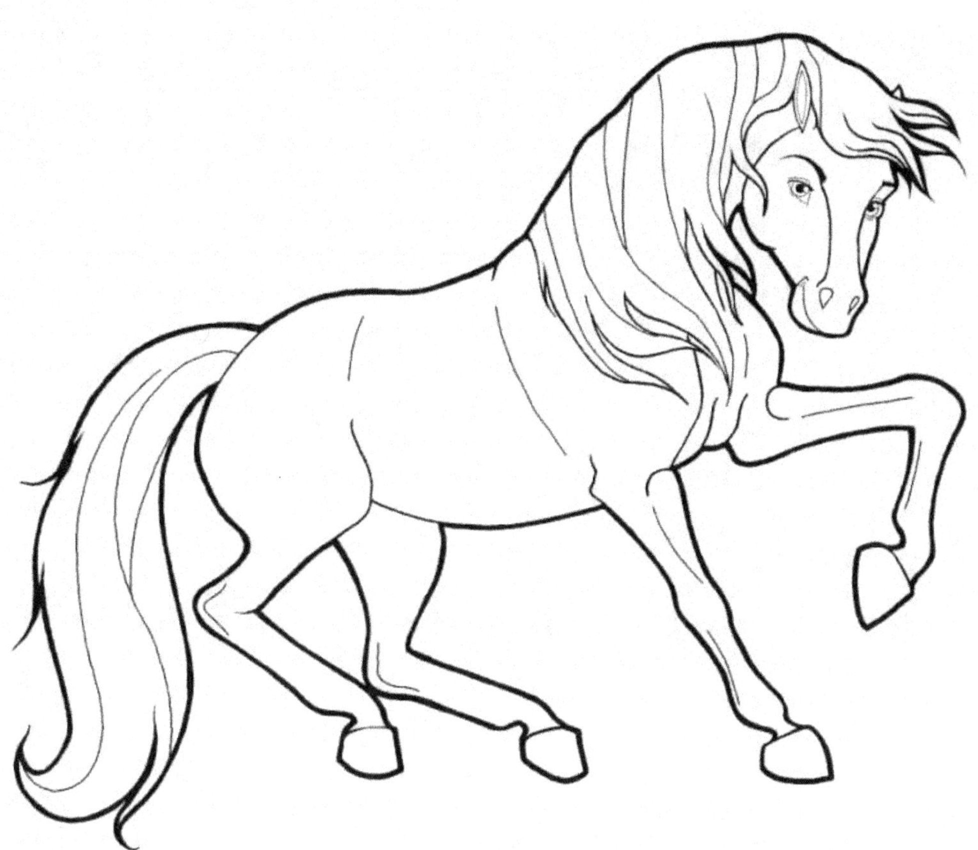

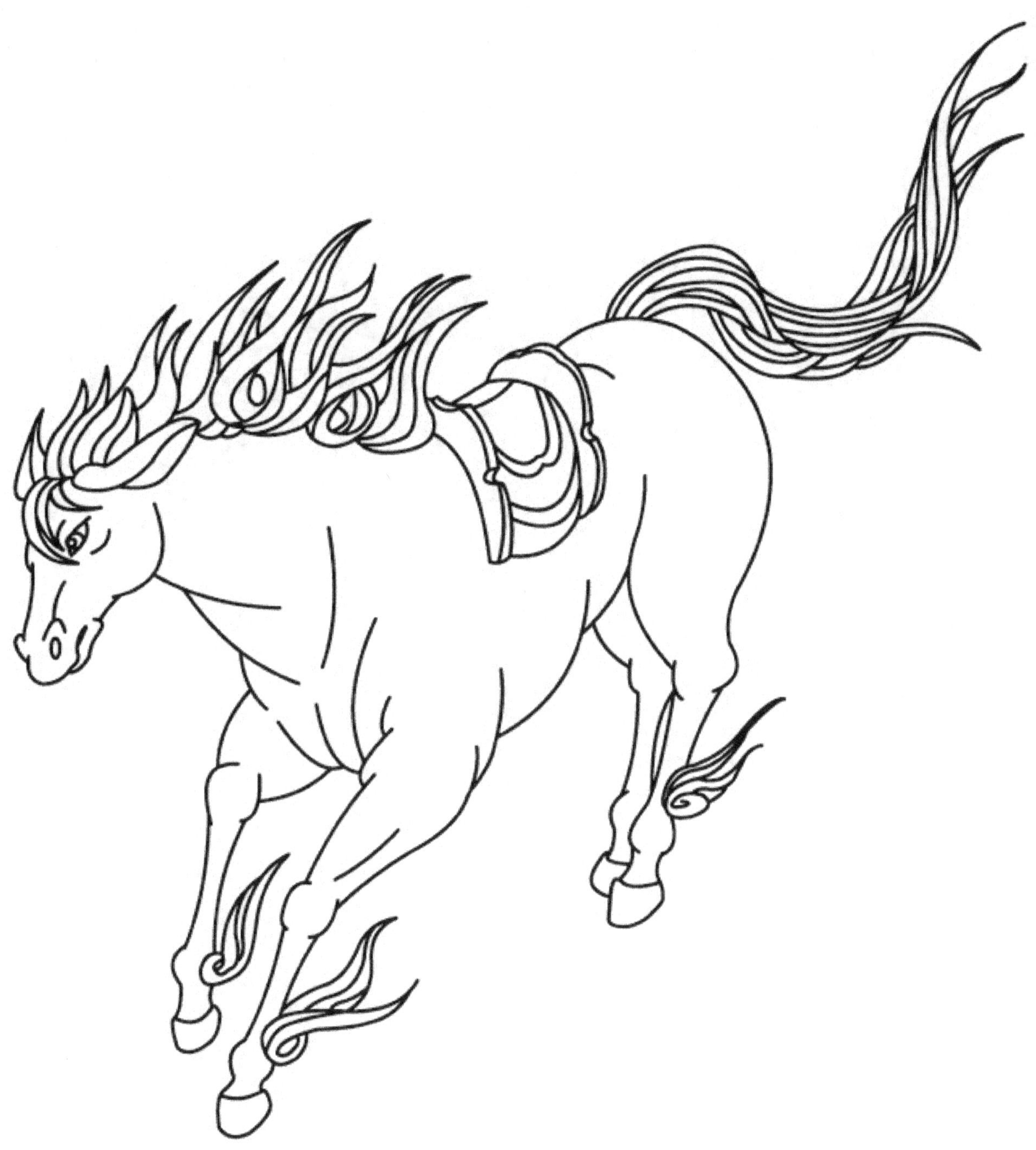

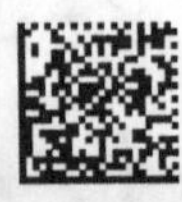